MY
JOB
나의 직업

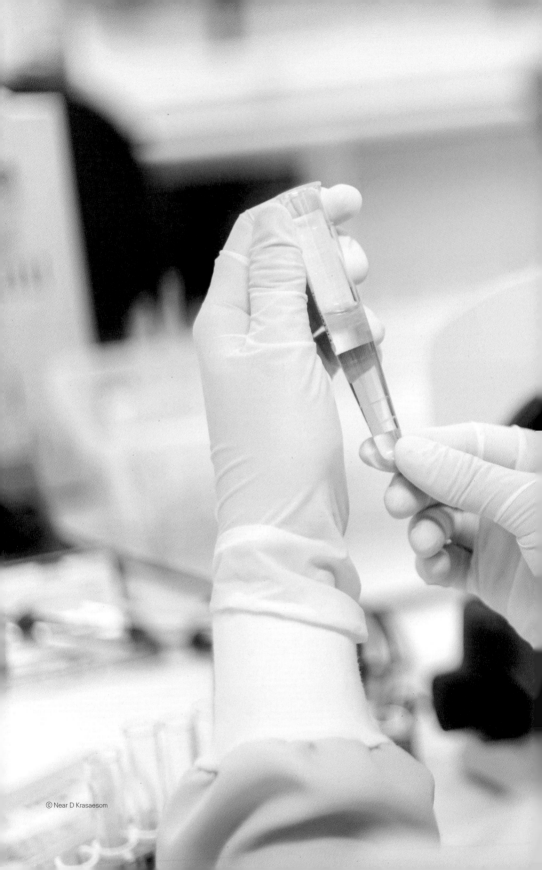

어쩌면 당신의 시선

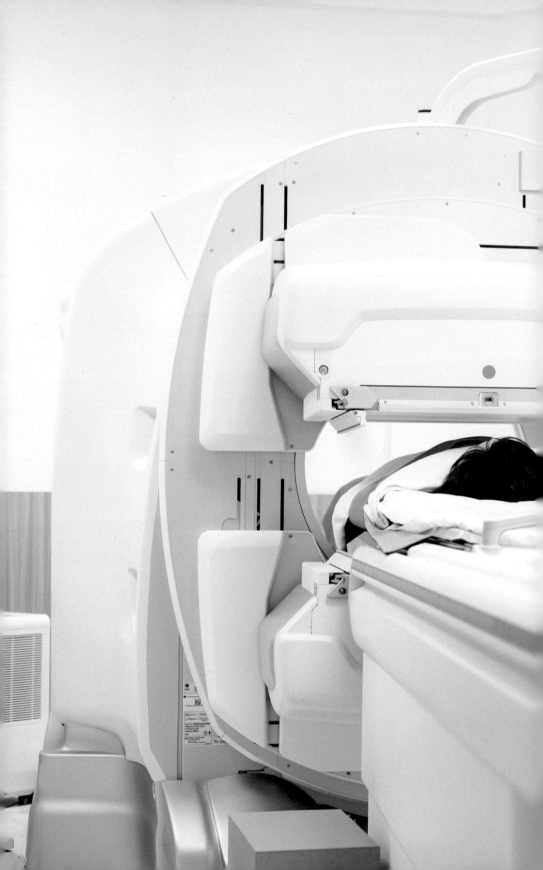

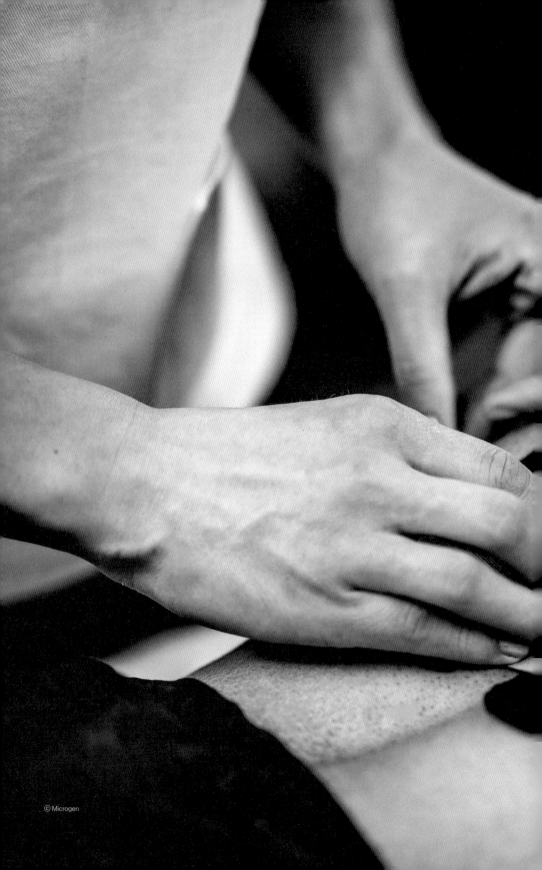

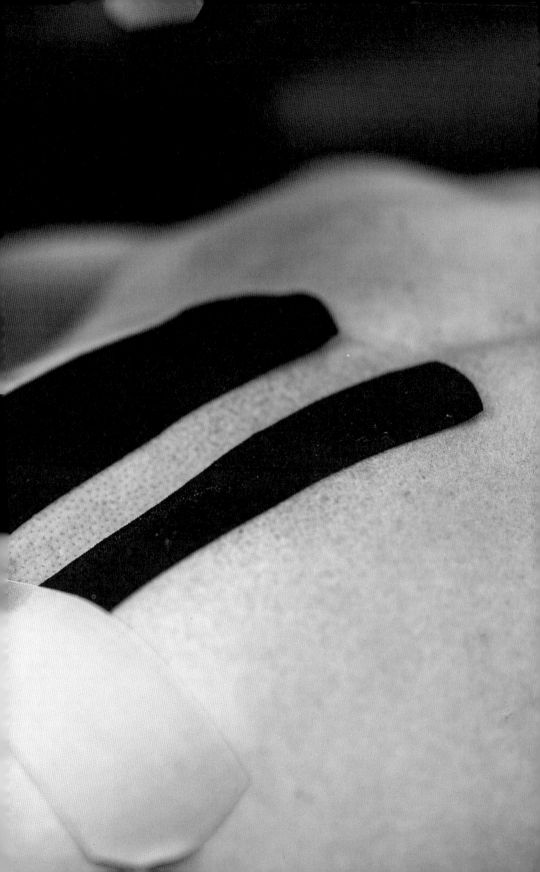

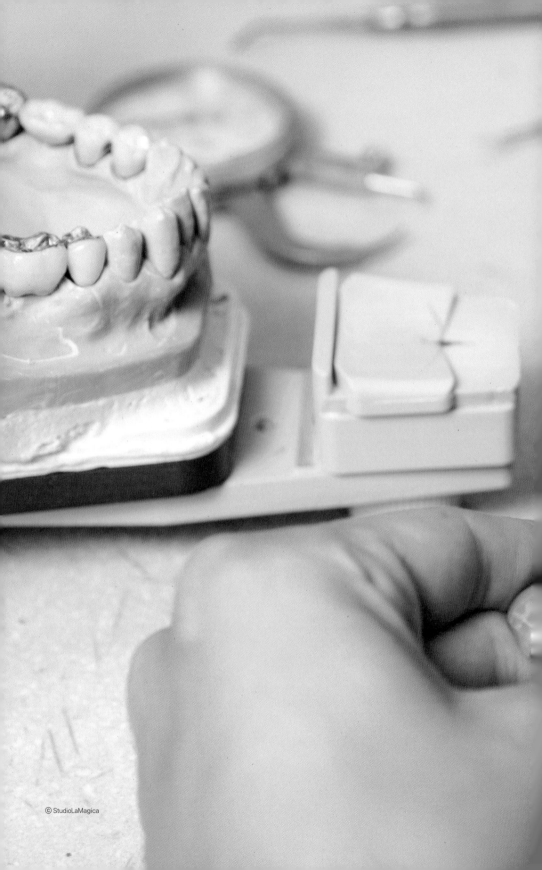

CONTENTS

Part One

History

Part Two

Who & What

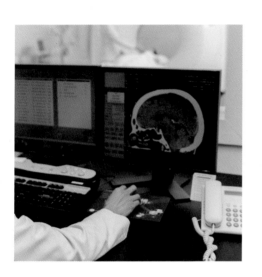

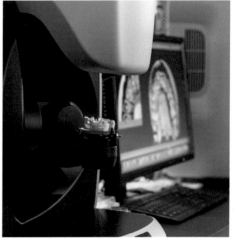

Part Three

Get a Job

Part Four

Reference

Part One

History

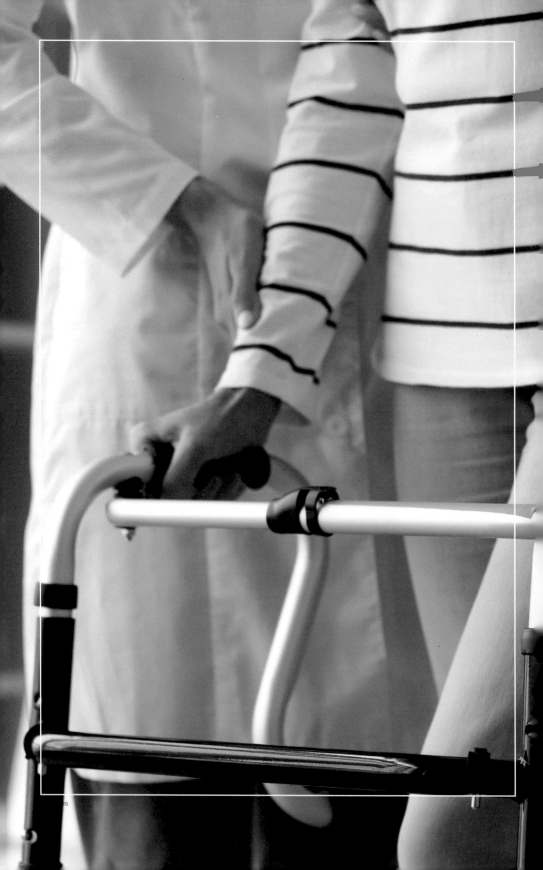

인류가 생겨난 이래 질병을 앓는 사람들과 장애를 가진
사람들은 계속 존재해왔다. 그와 동시에 그러한 질병과 장애를
치유하거나 돕는 사람들도 함께해왔다.

의학이 발달되기 이전의 시대에는 과학적 지식이 없는
기도사나 주술사, 종교가 등이 질병을 치료하는 일을 맡았다.
중세 시대의 수도사들이 머무르는 수도원에 부속된 병원이나
혈관에서 피를 뽑아 치료하는 행위를 하던 이발사의 이발관
등에서는 현대 의학으로는 상상도 할 수 없는 방식으로 환자를
치료하고자 하였다. 우리나라에도 환자를 앉혀놓고 굿을 하는
주술적 행위가 이루어졌으며 일본의 에도시대에는 친척과
인근사람들을 많이 모아 떡을 치고 음식을 만들어 병마를 쫓고자

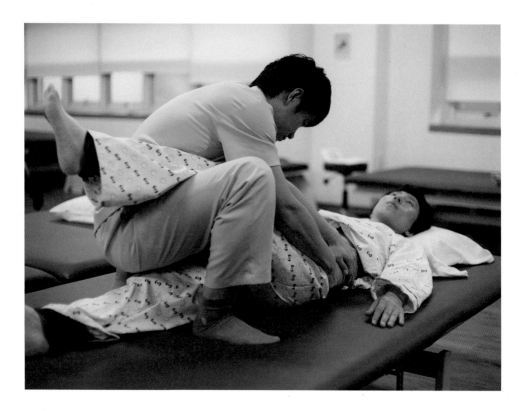

노력하였다.

이와 같이 현대 의학이 발달하기 이전에는 미신적인 방법이나 주술 혹은 전통이나 직관 등에 의한 치료가 이루어졌다. 중세 이후, 해부학과 생리학이 진보하고 18세기에 들어와서는 본격적으로 물리학을 비롯한 과학이 발전하면서 의학 분야도 자연과학 지식을 바탕으로 한 발전이 이루어지게 되었다. 그래서 의사도 종교나 도덕의 권위가 아닌 지적 권위를 갖는 존재로 사회에 자리 잡아 의사가 시행하는 의료 행위와 그와 관련된 지식들이 교육기관을 통해 전수될 수 있도록 변화하였다.

이러한 의료기술의 지속적인 발달로 인하여 의학적 지식이 방대해지면서 의료업계는 세분화되고 전문화되기 시작했다. 즉 질병을 치료하는 의사와 환자들을 돌보는 간호사만으로는 충분한 의료서비스를 제공할 수 없게 됨으로써 각각의 영역에 좀 더 전문적인 인력이 필요하게 되었다.

우리나라는 모든 국민이 수준 높은 의료 혜택을 받을 수 있도록 하기 위하여 국민의료에 필요한 사항들을 규정하여 의료법을 제정하였다.

의료법에서는 의료인과 의료기사를 구분하여 각자가 해야 할 일들을 정확히 규정해 놓았다. 의료인은 보건복지부장관의 면허를 받은 의사, 치과의사, 한의사, 조산사, 간호사를 말하며 의료기사는 의사 또는 치과의사의 지도하에 진료 또는 의화학적 검사에 종사하는 사람을 뜻하는데 임상병리사, 방사선사, 물리치료사, 작업치료사, 치과기공사, 치과위생사 등이 있다.

1963년 7월에 '의료보조원법'이 제정되고 1965년부터 정식으로 출범되면서부터, 의사 및 치과의사의 감독 하에 진료 또는 의화학적 검사의 보조를 맡는 업무에 종사하는 사람들이 자신의 권리를 얻게 되었다. 1973년 2월 '의료보조원법'이 '의료기사법'으로 전면 개정되면서 의료기사의 6가지 종류가 정해졌다. 그 후에도 몇 번의 개정을 거쳐 현재에는 '의료기사 등에 관한 법률'로 제정되어 있다.

의료인과 의료기사에 관한 법률 규정

■ 의료인

"의료인" 이란 보건복지부장관의 면허를 받은 의사·치과의사 ·한의사·조산사 및 간호사를 말한다. (의료법 제2조)

■ 의료기사

의료기사의 종류는 임상병리사, 방사선사, 물리치료사, 작업치료사, 치과기공사 및 치과위생사로 한다.(의료기사 등에 관한 법률 제2조)

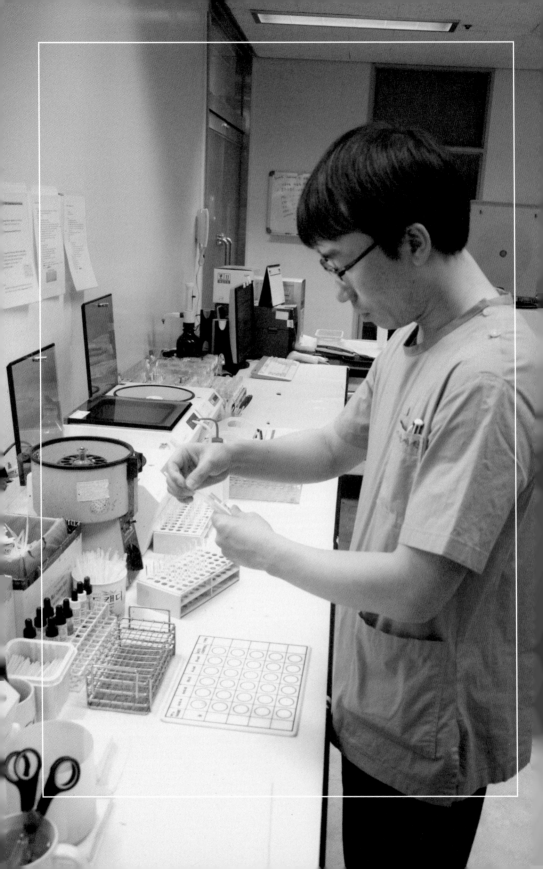

일의 특수성

■ 의료기사는 의사와 치과의사의 지도를 받아야 한다.
단독적으로 환자를 치료할 수 없으며 반드시 의사와
치과의사의 소견이 필요하다. 의료기사 등에 관한 법률에
"의료기사"란 의사 또는 치과의사의 지도 아래 진료나
의화학적(醫化學的) 검사에 종사하는 사람을 말한다고
규정하고 있다.

■ 국가고시를 통한 자격증이 요구되는 전문직이다.
한국보건인국가시험원에서 주관하는 자격시험에
통과해야의료기사로 일할 수 있다. 자격시험에 지원하기
위해서는 자신이 응시하고자 하는 직종과 관련된

대학(산업대학, 전문대학 포함) 학과를 졸업해야 한다.

■ 업무가 독립적이다.

의료기사는 자신이 맡은 업무를 독립적으로 수행해야 하는
경우가 많다. 비록 의사나 치과의사의 지시에 따라 일을
시작하지만 담당 업무를 수행할 때에는 의사나 치과의사의
간섭 없이 독자적인 전문지식과 기술을 바탕으로 독립적으로
작업을 한다.

■ 의료인의 의학적 판단에 필요한 객관적인 의료 정보를
제공한다.

의사가 환자의 질병을 진단하고 치료하는데 필요한 객관적인
정확한 정보를 제공한다. 따라서 의료기사는 의료행위의
기초가 되는 중요한 정보를 마련함으로써 보다 효율적인
치료가 이루어지도록 한다.

　명칭이 의료기사이고 주로 병원과 관련하여 일을 하기 때문에
의사와 비슷하게 생각하는 경우가 많지만 의료기사는 의사와는
완전히 다르며 하는 일도 다르다. 따라서 의료기사의 종류에 따라
각기 다른 적성과 신체적 요건이 요구된다.

　임상병리사의 경우 미세한 세포, 미생물 등을 정확하게
봐야하므로 색맹이어선 안 된다. 방사선사의 경우, 위험한 물질을
다루는 직업이므로 세심한 주의력과 정확성, 침착함이 요구된다.
또, 첨단 기계장비 조작에 관심이 있는 것이 좋다. 물리치료사와
작업치료사, 치위생사는 병원에서 환자를 대하는 시간이 많은
직업이기 때문에 이해심이 많고 대인 관계가 원만한 사람과 잘
어울리는 직업이다. 학습 내용이 실제 현장에서 활용되는 경우가
많기 때문에 다양한 환경에 대한 적응력도 필요하다. 또한 타인의
아픔과 어려움을 잘 공감할 수 있는 인성이 요구된다. 환자의
불편을 돕는 일이기 때문에 의사소통 능력 역시 중요하다.

　치기공은 예술과 과학의 만남, 즉 아트 앤드 사이언스라고
불리는 만큼, 치기공사에게는 미술적인 감각과 과학적인
사고력이 필요하다. 예리하게 사물을 바라보며 물체를
입체적으로 생각하는 공간지각력도 요구되며 장시간 앉아서
하는 정밀작업이므로 지구력과 집중력도 필요하다고 하겠다.

　그리고 공통적으로 의료기사는 반복적인 업무를 수행하는
직업임으로 끈기와 인내심이 필요하다. 관습형과 탐구형의
흥미를 가진 사람에게 적합하며, 꼼꼼하고 정확하게 일을
처리하는 성격을 가진 사람들에게 유리하다.

〈면허등록 의료기사〉

〈단위: 명〉

연도	임상병리사			방사선사			물리치료사		
2019년	60,469	남 15,181		46,618	남 29,343		71,424	남 24,984	
		여 45,288			여 17,275			여 46,440	
2017년	56,238	남 14,248		42,736	남 27,220		62,586	남 21,795	
		여 41,990			여 15,516			여 40,791	
2015년	52,081	남 13,320		38,592	남 24,906		55,000	남 19,150	
		여 38,761			여 13,686			여 35,850	
2013년	48,055	남 12,551		35,032	남 23,055		47,710	남 16,562	
		여 35,504			여 11,977			여 31,148	

연도	작업치료사			치과기공사			치과위생사		
2019년	18,415	남 4,213		35,859	남 21,862		83,817	남 781	
		여 14,202			여 13,997			여 83,036	
2017년	14,727	남 3,322		34,199	남 21,006		74,589	남 575	
		여 11,405			여 13,193			여 74,014	
2015년	11,378	남 2,585		32,526	남 20,106		65,787	남 437	
		여 8,793			여 12,420			여 65,350	
2013년	8,528	남 1,991		30,515	남 19,008		56,072	남 322	
		여 6,537			여 11,507			여 55,750	

　의료기사는 지속적으로 늘어나고 있으며 방사선사와 치과기공사를 제외하고는 여성이 남성보다 더 많은 수를 차지하고 있다.

　의료기사는 종류에 따라 하는 일이나 근무환경이 완전히 다른 독립적인 전문직종이라고 할 수 있다. 또한 의료기사는 단기간에 배워서 일할 수 있는 직업이 아닌 전문적인 지식과 기술을 필요로 함으로 의사처럼 일정 기간 동안 해당 업무를 교육기관에서 배워야 자격시험 응시자격을 준다. 의료기사가 되고 난 뒤에도 새로운 지식과 기술을 끊임없이 배우고 연구하여 자신의 업무에 활용해야 하는 직종이다.

　우리나라에서 의료기사는 매년 일정 시간 이상 보수교육을 받도록 의무화 하고 있다.

　의료기사 보수교육을 실시하는 기관은 다음과 같다.

의료기사 종류	보수 교육기관
임상병리사	대한임상병리사협회
방사선사	대한방사선사협회
물리치료사	대한물리치료사협회
작업치료사	대한작업치료사협회
치과기공사	대한치과기공사협회
치과위생사	대한치과위생사협회

　단, 군 복무 중이거나 질병 등 불가피한 사유로 보수교육을 받을 수 없는 경우는 예외로 한다. 의료기사 자격증은 가지고 있지만 현재 의료기사로 일하고 있지 않은 경우에도 보수교육을 받지 않아도 된다. 그러나 의료기사로 취업을 하거나 개업을 했을 때에는 반드시 1년에 8시간에 해당하는 보수교육을 받아야 한다.

　만일 보수교육을 받지 않으면 1번일 경우에는 경고에 그치지만 2번째에는 자격정지를 당하니 교육을 꼭 받아야 한다.

　의료기사가 하는 일의 상당 부분이 앞으로는 자동화 기기로
이루어질 것으로 보고 있다.

　임상병리사의 경우 이미 대형병원과 검사센터를 중심으로
검사업무가 자동화로 이루어지고 있는 실정이다. 이러한 현상은
중소병원까지 이어질 것으로 전망되며 유해 작업 환경이나
단순반복적인 업무영역에는 모든 업무가 로봇에 의해 수행되는
검사실도 나타날 것으로 보여진다.

　임상병리사의 공급은 포화상태에 이르고 있어 지금처럼
검사센터로의 취업은 쉽지 않을 것으로 예측된다. 그러나
임상병리사의 근무분야는 의료 전문 분야에서 뿐만 아니라
일반기업이나 기관, 관공서 등으로 점점 확대되고 있고, 제대혈

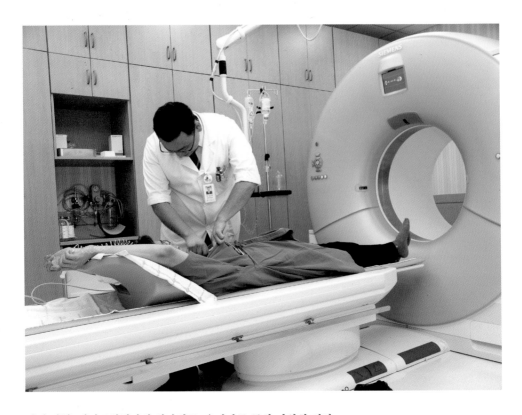

관련 실험, 생명보험회사의 심사업무, 유전자를 통한 다양한 검사 및 법의학 관련 검사 분약 등 각종 분야에서 임상병리사의 사회적 역할과 중요성이 부각되고 있기 때문에 기존과 달리 졸업 후 다양한 방면으로 진로를 생각해볼 필요가 있다.

　방사선사는 수요에 비해 공급이 과잉된 상태로 졸업 후 대학병원에 취직이 어렵다는 반응이다. 환경오염과 서구화된 식생활의 변화로 암을 비롯한 다양한 병들이 등장하면서 사람들은 치료중심의 의료 서비스보다 예방중심에 더욱 관심을 갖고 있다. 이러한 반응은 건강검진을 위한 검사가 늘어나는 결과를 보인다. 즉, 공급은 과잉되어 있지만 향후에도 방사선사에 대한 요구가 있을 예정인 것이다. 의료기기가 많이 발달되긴 했으나 방사선 검사는 개인마다 특성이 다르기 때문에 개개인마다 촬영이 불가피하고 방사능 자체가 위험하기 때문에 기계화 및 자동화에도 불구하고 전문가의 손길이 필요한 영역이다. 그런 면에서 방사선사의 전망을 무조건 어둡게만 볼 수 없다.

　물리치료사 역시 공급이 과잉된 상태로 선진국의

물리치료사는 개인 치료실을 갖고 개업을 할 수 있는 것에 비해 한국은 불가능한 실정이다. 즉 물리치료사의 직업적 환경이 많이 뒤떨어지고 있다. 그러나 의학의 발달로 평균 수명이 길어지고 상대적으로 노인성 질환을 가진 환자가 증가하고 있으며 각종 산업재해와 교통사고 등으로 장해를 입는 환자가 늘어나고 있는 추세이다. 또한 주 5일 근무로 스포츠와 레저를 즐기는 사람들이 많아지면서 야외 활동 중의 외상 역시 물리치료사의 수요를 높여주고 있다. 이들의 손상된 기능을 회복하기 위해서는 물리치료사가 필요하며 수요도 점차 늘어날 것이라 전망하고 있다. 선진화된 의료시장이 국내에 개방되면서 점점 더 의료서비스가 강화되고 경쟁력을 높이기 위해 물리치료사들의 영역이 확대될 것으로 전문가들은 바라보고 있다. 뿐만 아니라, 물리치료사의 경우 스포츠 및 한방 분야 등 새로운 분야로의 진출이 확대될 수 있기에 고용이 더욱 증가할 것으로 예상된다.

작업치료사는 주로 신경계 질환 즉, 뇌졸중, 외상선 뇌손상, 파킨슨 병 등의 환자들을 치료하게 되며 그 외에도 일상생활이 어려운 환자들이 최대한 독립적으로 움직일 수 있도록 돕는 일을 한다. 앞으로 한국은 기대수명의 증가로 인해 고령사회에서 초고령사회 진입이 확실시 되고 있다. 이에 따라 노인 질환에 따른 환자 역시 늘어날 것으로 예상된다.

이러한 추세로 볼 때 앞으로 작업치료사에 대한 수요가 늘어날 것으로 기대된다. 그러나 현재 작업치료사 역시 공급과잉으로 인해 낮은 연봉으로 일하고 있는 실정이다.

치과기공사 역시 배출인력에 비해 고용창출이 어렵기 때문에 일자리를 구하는데 다소 어려움이 있을 것으로 전망된다. 지금까지는 치과기공소와 병·의원의 치과기공실이 주요 일자리였다면 앞으로는 치과재료제조업체, 치과기자재업체, 치과유통업체, 해외취업, 치과재료연구, 치과기공기술 자문 및 교육 분야까지도 취업 일자리가 확대될 것으로 보인다. 의료기사

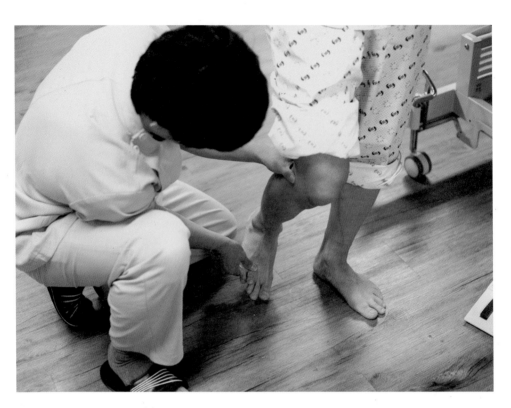

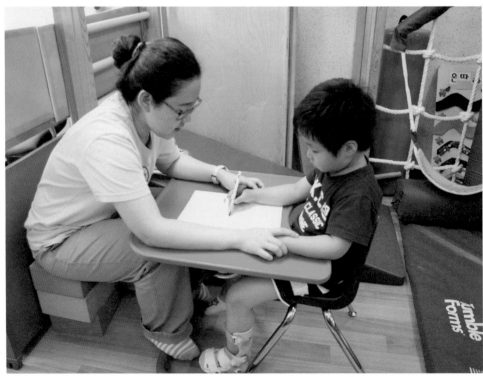

등에 관한 법률에 의해 타 의료기사와 달리 치과기공소를 단독 개설할 수 있으므로 경제적으로 안정된 생활을 영위할 수 있을 뿐만 아니라 아직도 연구할 분야가 많아 향후 전문직업인으로서의 활발한 활동 역시 가능한 분야이다.

그러나 치과기공사의 고용 창출에 영향을 미치는 요인은 치과기공물의 수요이다. 이는 치과의 수와 치과 의료서비스의 양과 질에 의해 결정된다고 할 수 있다. 앞으로 정부에서 추진하고 있는 노인 의치보철 보험사업이 활성화되면 의치보철 수요가 많아지게 되므로 치과기공사의 고용도 늘어날 것으로 전망된다. 그러나 업무 관계에서 치과의사들에게서 완전히 독립하는 것이 필요하다. 이는 의료의 선진화를 위해서도 바람직하다고 본다.

치과위생사 역시 다른 의료기사와 마찬가지로 과잉된 공급과 제한된 수요로 인해 취업의 어려움을 겪고 있는 실정이다. 그러나 향후 치과 병 · 의원에서는 치과위생사에 대한 고용을 늘릴 것으로 예상되며, 그동안 치과의사들이 해왔던 치아 클리닝과 같은 예방 차원의 치과서비스를 치과위생사들이 수행하게 되면서 치과위생사의 고용이 더욱 증가할 것이다. 우리나라 치과 병 · 의원은 2007년 13,431개소(치과병원 151개, 치과의원 13,280개)에서 2014년 16,135개소(치과병원 202개, 치과의원 15,933개), 2019년 18,194개소(치과병원 239개, 치과의원 17,955개)로 10년 사이에 35.4% 증가했다. 이처럼 치과 병 · 의원이 지속적으로 증가하고 있으므로 치과위생사의 일자리 역시 늘어날 전망이다.

Part Two
Who & What

임상병리사

임상병리사의 업무

    임상병리사는 병리학, 미생물학, 생화학, 기생충학, 혈액학, 혈청학, 법의학, 요화학, 세포병리학, 방사선 동위원소 등에 관한 지식을 활용하여 환자나 조사 분석 대상자의 가검물 등을 채취 검사하거나 생리학적 검사(심전도 · 뇌파 · 심폐기능 · 기초대사나 그 밖의 생리기능에 관한 검사) 업무를 맡아서 한다. 뿐만 아니라 임상병리 검사 업무에 필요한 기계, 기구, 시약 등을 보관하고 관리 사용하며, 검사용 시약의 조제, 혈액의 채혈 및 보존 공급 등과 관련된 업무, 기타 임상병리검사와 관련된 업무도 한다.

    임상병리사는 의사들의 질병 예방 업무나 환자들에 대한 진단, 치료를 돕기 위해 다음과 같은 각종 의학적 검사를 수행하고 분석한다.

■ 임상병리사가 하는 주요 검사 업무

 - 응고, 착색 등의 기법을 적용하여 인체의 기관, 조직, 세포,
   혈액, 분비물 등을 채취하여 검사 · 분석 · 실험한다.
 - 감염 여부를 조사하고 병원체에 대한 각종 약품의 효과를
   관찰하기 위하여 현미경, 광전비색계, 혈액세포 측정계
   등의 실험기구를 조정 · 조작한다.
 - 진단 혈액 검사, 미생물 검사, 수혈 의학 검사, 진단분자
   유전 검사, 면역 혈청 검사 등을 통해서 질병의 원인을
   찾아낸다.
 - 인체의 기관, 조직, 세포, 혈액, 분비물 등과 같은 여러 가지
   검사물에 대해 현미경 등의 실험 기구나 시약을 사용하여
   검사 · 분석하여 질병의 유무나 혈액형 등을 판단하며
   혈구의 수를 계산하기도 한다.
 - 검사용 시약을 조제하고, 혈액을 채혈하거나
   제조 · 조작하고 보존하며, 그 검사와 실험 과정을 정확하게
   기록하여 의사에게 제공한다.

임상병리사 윤리강령

우리 임상병리사는 존엄한 인간의 생명과 건강을 위하여 박애와 봉사의 정신으로 국민보건향상에 이바지하기 위해 다음 강령을 준수한다.

하나, 임상병리사는 고도의 의료과학수준을 유지하기 위하여 계속적인 학문연구와 기술개발을 도모하고 평생교육에 힘쓴다.

하나, 임상병리사는 신속 정확한 검사 성적을 위하여 최선의 방법과 노력을 경주한다.

하나, 임상병리사는 업무수행에 있어서 한전관리와 환경청결로 감염예방에 적극 노력한다.

하나, 임상병리사는 의료봉사를 행함에 있어서 작업의식에 충실하고 사회적 인식에 부응하는 품위를 지킨다.

하나, 임상병리사는 국민보건향상과 복지 사회구현의 일익을 담당하는 전문 직업인으로서의 긍지와 자부심을 갖는다.

하나, 임상병리사는 협동과 인화 단결로써 회원상호의 공동체 의식으로 협회 발전에 솔선 참여한다.

■ **의료기관**
병원, 의과대학 및 대학병원연구소, 보건소 및 국립보건연구원
등이다.

■ **연구기관**
대한적십자혈액원, 대한결핵협회, 대한나관리협회,
한국건강관리협회 및 대한산업보건협회 등에서 환자에게
수혈할 혈액을 검사하고, 헌혈 사업, 결핵환자 및 나환자의
진단 및 예방대책 사업, 국가적 국민건강관리에 필요한 각종
검사 및 산재환자 관리에 필요한 구체적인 분야에 종사하게
된다.

■ **제약회사**
약품이나 시약제조와 관련된 분야의 연구에 연구원으로
참여한다.

■ **보험관련**
보험심사직 채용에 있어 임상병리사는 우대받는 자격증이다.
병력 및 진료일지를 확인할 수 있는 의학상식을 겸비하고 있을
뿐만 아니라 병원 내의 운영을 숙지하고 있기 때문이다. 이는
보험심사직에서 병원 관련 서류를 읽어야 할 때 도움이 된다.

■ **그 외**
한방병원, 임상병리직 군무원, 보건복지부 공무원 등이 있다.

임상병리사 보수

연봉 2,500만원~3,600
만원

　전문인으로써 안정적인 업무를 할 수 있으며 다른 의료기사에 비해 이직률이 낮은 편이다. 그러나 임상병리사의 업무상 특성 때문에 세균이나 약품에 노출될 위험이 있다. 뿐만 아니라, 임상병리사는 응급환자를 위해 2교대 및 3교대 근무를 해야 할 때도 있으며, 시간이 촉박하더라도 정확한 검사를 시행하고 그 결과를 제공해야 하기 때문에 높은 업무 스트레스를 감당해야 한다. 중소 병·의원에서 일할 경우에는 검사 업무 외에 행정 업무를 비롯한 일들을 해야 하기 때문에 지칠 수 있다.

임상병리사가 일하는 전문과

- **진단검사의학과, 임상병리과**
환자의 혈액, 체액 등에 대한 임상병리검사 수행

- **(해부)병리과**
환자의 조직 및 세포검사를 통하여 암환자를 진단하는 검사 수행

- **종양표식 및 핵의학과**
방사성동위원소를 이용하여 종양표식 및 질병의 원인과 결과 예후 판정을 수행

- **생리기능검사실(내장, 신경과 계열)**
심전도, 뇌파, 초음파, 근전도 등 생리기능검사를 통하여 환자의 상태를 진단

보건복지부 공무원

보건직 공무원은 전국 270여 개의 도청, 시청, 구청, 군청 및 보건소에
배치되어, 보건소 운영 전반에 걸친 행정 업무, 지역주민이나 지역 사업
체들을 대상으로 하는 보건 홍보, 질병 예방, 보건 위생 및 계도, 감독
업무 등을 맡아 보는 공무원이다.

1. 시험 과목 (2021년 기준)

■ 공개경쟁

 − 9급 : 국어, 영어, 한국사 (수탁출제 방식 / 서울시는 자체 출제) 공
 중보건, 보건행정 (자체출제 방식) 5 과목 시행 (전국 17개 지방자치
 단체 공통)

 − 7급 : 국어, 영어, 한국사, 공중보건, 보건행정, 생물학개론, 역학

2. 응시 자격

■ 응시자격에 제한 없음

■ 나이 : 성년이면 누구나 응시 가능

■ 주소지 제한 규정

① 응시하고자 하는 지역에 시험 시행년도 1월 1일 이전부터 주소지가
유지 되어 있는 자

② 응시하고자 하는 지역에 과거 만 3년 이상 거주했던 기록이 있는 자

※ 위 두 가지 규정 중 한 가지를 충족하면 응시 가능

   (서울은 주소지 제한 규정 없음 / 전국 어디서나 응시가능)

■ 필기시험 5% 가산 대상 자격증 및 면허증 : 간호사, 영양사, 위생사,
임상병리사, 방사선사, 물리치료사, 치위생사, 식품산업기사, 산업위
생관리산업기사, 대기, 수질, 소음진동, 폐기물 등 환경 관련 산업기사
등.

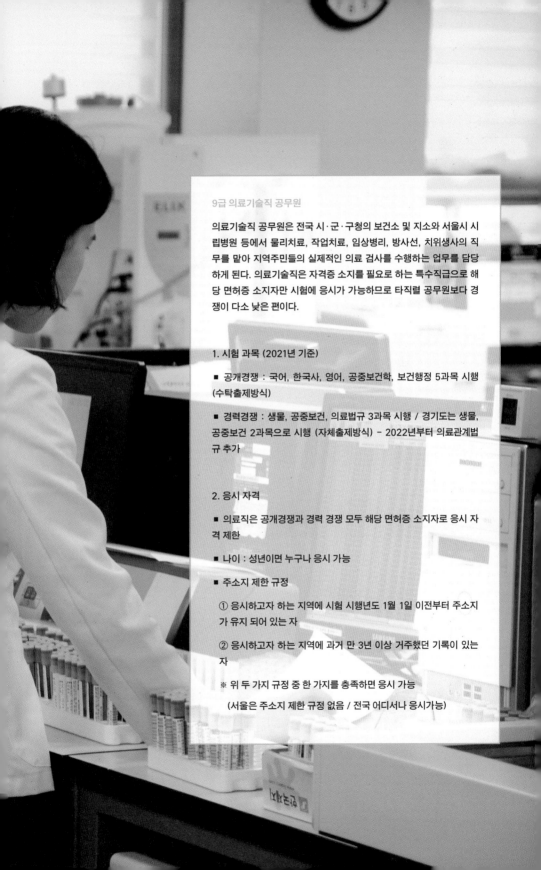

9급 의료기술직 공무원

의료기술직 공무원은 전국 시·군·구청의 보건소 및 지소와 서울시 시립병원 등에서 물리치료, 작업치료, 임상병리, 방사선, 치위생사의 직무를 맡아 지역주민들의 실제적인 의료 검사를 수행하는 업무를 담당하게 된다. 의료기술직은 자격증 소지를 필요로 하는 특수직급으로 해당 면허증 소지자만 시험에 응시가 가능하므로 타직렬 공무원보다 경쟁이 다소 낮은 편이다.

1. 시험 과목 (2021년 기준)

■ 공개경쟁 : 국어, 한국사, 영어, 공중보건학, 보건행정 5과목 시행 (수탁출제방식)

■ 경력경쟁 : 생물, 공중보건, 의료법규 3과목 시행 / 경기도는 생물, 공중보건 2과목으로 시행 (자체출제방식) - 2022년부터 의료관계법규 추가

2. 응시 자격

■ 의료직은 공개경쟁과 경력 경쟁 모두 해당 면허증 소지자로 응시 자격 제한

■ 나이 : 성년이면 누구나 응시 가능

■ 주소지 제한 규정

① 응시하고자 하는 지역에 시험 시행년도 1월 1일 이전부터 주소지가 유지 되어 있는 자

② 응시하고자 하는 지역에 과거 만 3년 이상 거주했던 기록이 있는 자

※ 위 두 가지 규정 중 한 가지를 충족하면 응시 가능

(서울은 주소지 제한 규정 없음 / 전국 어디서나 응시가능)

방사선사의 업무

　방사선사는 전문적인 방사선 지식과 장비를 이용해 환자의
질병에 대한 진단과 방사선 치료 업무를 한다.
　방사선사들은 의사의 처방과 의뢰에 따라 방사선을 이용한
촬영 검사나 혈관조영 검사를 수행하며, 의약품이나 기구 등을
준비한다. 이들은 다양한 종류의 방사선 장비를 조작하여 검사를
실시하고 그 결과를 해석하여 환자의 질병에 관한 정보를
의사에게 제공함으로써 의사의 진단과 치료 업무를 돕는다.
　방사선사가 하는 검사로는 X선을 인체에 투과시켜 결과를
영상화시키는 X-ray 검사, 초음파를 인체 내에 보내어
반사음파를 영상화시키는 초음파검사, 인체 내부를 일정한
두께의 단면으로 잘라 영상화시키는

컴퓨터단층촬영검사(CT : Computed Tomography), 인체의 주요성분인 수소원자핵을 자기공명 시켜 조직의 물리·화학적 특성을 영상화시키는 자기공명영상검사(MRI : Magnetic Resonance Imaging), 도관을 몸속에 삽입하여 그 관에 조영제를 넣고 검사하는 혈관검사 및 막힌 인체 부위를 통하게 하거나 치료를 위해 혈관 등을 막아주는 중재적 시술, 방사성 동위원소를 이용하여 신체의 내부 장기나 골절 등의 해부학적·생리학적 기능을 진단하는 핵의학검사 등이 있다.

방사선사 윤리강령

1. 방사선사는 인간존중에 최우선하는 직업윤리를 실천해야 한다.

2. 방사선사는 심오한 학문적 연구와 발전적 기술향상을 위하여 평생 교육에 힘써야 한다.

3. 방사선사는 방사선 관리의 적정을 기하여 환자에 대한 피폭선량 경감을 위하여 노력해야 한다.

4. 방사선사는 국민의료봉사를 행함에 있어 직업적 품위를 지키며 사회적 신뢰를 받기위해 노력해야 한다.

5. 방사선사는 국민의료보건향상의 일익을 담당하는 전문 직업인으로서 긍지를 갖는다.

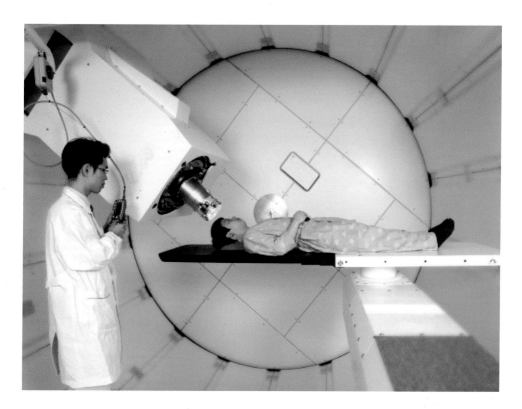

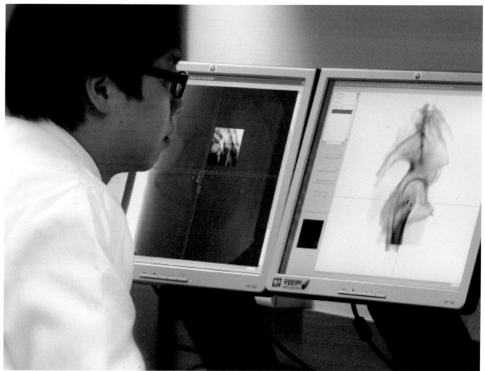

■ 의료기관
종합병원, 대학병원, 치과병원, 보건소의 방사선실

■ 방사선 관련 연구소
방사성동위원소 취급 연구소, 방사성동위원소 취급업체,
방사선 관련 기기생산업체 등

■ 원자력 관련 기관
원자력관련연구소 등

■ 의료 기기업체
의료장비 및 방사성의약품 판매업체

■ 그 외
의료기술직 및 보건직 공무원

방사선사 보수

연봉 3,000만원~4,000
만원

　　다른 의료기사에 비해 소득이 높고 안정적인 면이 장점으로 꼽힌다. 그러나 방사선사는 업무의 특성 상 피폭선량을 측정할 수 있는 계측기를 항상 휴대하여 방사선 피폭에 주의해야 하고, 6~12개월에 한 번씩 정기검진을 받아야 한다.

　　방사선사는 의료분야 직종 중에서 피폭선량이 가장 많은 직종이라는 사실이 단점이다.

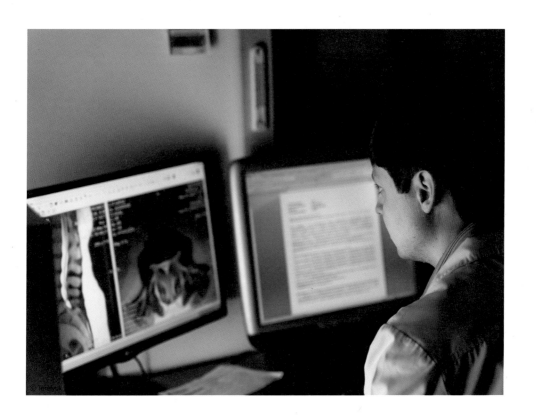

물리치료사의 업무

　의료기사 등에 관한 법률 시행령의 제2조에 물리치료사는
온열치료, 전기치료, 광선치료, 수치료, 기계 및 기구 치료,
마사지 · 기능훈련 · 신체교정운동 및 재활훈련과 이에 필요한
기기 · 약품의 사용 · 관리, 그 밖의 물리요법적 치료업무를
맡는다고 규정하고 있다.
　말하자면 수술 및 화학요법(약물요법)이 아닌 전기, 광선, 물,
공기, 소리 및 운동 등을 이용한 치료법과, 각종 기구 및 기계 등
물리적인 소재를 치료 목적으로 활용하여 환자에게
적용함으로써 환자의 고통을 경감시키고, 신체적 기능을
회복시켜줌으로써 정상적인 사회활동을 하는데 도움을 주는
치료법을 수행하는 전문가라고 하겠다.

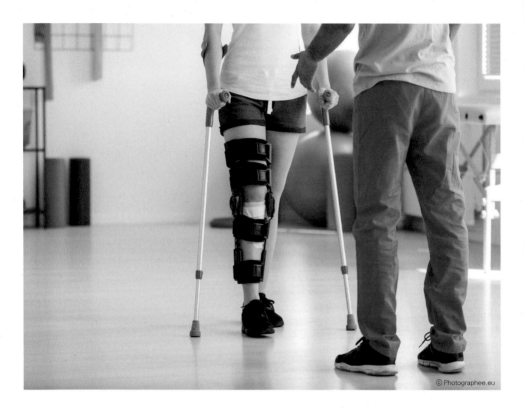

© Photographee.eu

　물리치료서비스의 주요 대상은 사고나 질병, 또는 선천적 요인
등에 의해 부상을 당하거나 장애를 입은 사람들인데 장기간의
치료서비스를 요하는 장애인에게 있어서 물리치료는 재활을
위한 필수 과정이기도 하다.

　물리치료사는 장애인에게 적절한 시기에 양질의 치료를
시행하여 이차적으로 발생될 수 있는 기형이나 영구 장애를
예방하고, 장애를 앓고 있는 부위 외의 다른 기관의 손실을
막게끔 도와주는 역할을 한다. 그래서 장애인이 일상생활이나
사회생활을 하는데 겪는 어려움을 낮추어주고 적응 능력을
향상시켜준다.

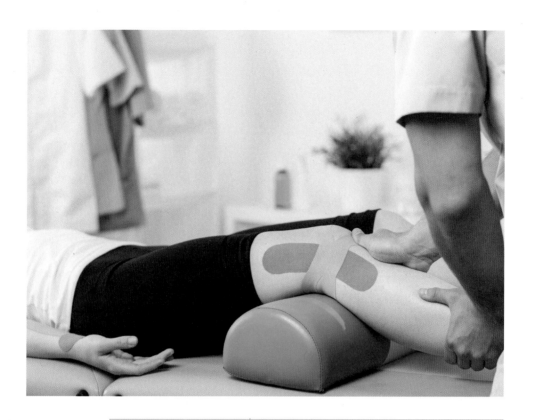

■ 의료기관

일반적으로 물리치료는 정형외과, 신경외과 및 재활의학과
영역의 환자만을 치료하는 것으로 이해하는 경우가 많지만
소아과, 산부인과, 흉부외과, 치과 등 전 의료 분야에 걸쳐
포괄적으로 활용되고 있다. 한방병원과 보건소에서도
물리치료사가 일한다.

■ 스포츠 관련 시설

사회 체육시설의 체형교정실, 스포츠팀의 트레이너, 팀 닥터 등

■ 재활 관련 기관

재활원, 실버타운, 치매센터, 요양원 등

■ 사회복지 시설

장애인복지관, 노인복지 시설 등

■ 의료기기 업체

의료기 관련회사, 의수족 보조기 관련회사 등

■ 그외

산업체 내의 물리치료실, 특수학교의 치료교사, 의료기술직
공무원, 보육교사,특수학교 치료교사 등

물리치료사 보수

연봉 2,100만원~3,000
만원

　물리치료사는 전문직으로 나이가 들어도 계속 할 수 있다는 점이 장점으로 꼽힌다.

　재활병원을 비롯하여 다양한 방면으로 자신의 커리어를 쌓아갈 수 있으며 환자들과 직접 대면하면서 자신만의 치료 테크닉을 개발할 수도 있다. 그러나 연봉이 일정 수준 이상 상승되지 않는 점이 문제로 꼽히며 신체를 움직이기 어려운 환자의 몸을 들고 내려야 하는 일이 많기 때문에 체력 소모가 크다는 사실 또한 단점으로 여겨진다.

국내 물리치료의 시작과 교육기관 현황

우리나라에 물리치료가 시작된 것은 1949년 미국인 물리치료사 Thelma B. Maw여사가 세브란스병원에 부임한 때부터이다.

교육기관은 1963년 고려보건전문대학에 물리치료학과가 설치된 이후 2005년에 32개의 전문대학과 15개의 4년제 대학을 포함하여 총 47개의 교육기관을 거쳐 오늘날에는 47개 대학과 38개 전문대학에서 물리치료사 양성 학과를 운영하고 있다.

■ 정형계 물리치료

관절염, 근육통, 요통, 좌골신경통, 오십견, 테니스엘보우, 각관절의 염
좌(삠), 좌상, 염증 및 스포츠 손상 등 많은 연부조직 질환을 치료한다.

■ 신경계 물리치료

주로 중추신경계(뇌, 척수)의 손상으로 인한 뇌졸중, 척수 손상, 말초
신경손상 등과 같은 환자를 여러 가지 재활 치료방법으로 회복시키는
분야이다. 물리치료의 대표적인 분야라 할 수 있다.

■ 소아 물리치료

뇌가 정상적으로 발달하지 못하여 겪게 되는 뇌성마비 아동 또는 운동
발달장애 아동, 선천적 근육질환 또는 소아마비 아동 등에게 실시하여
아이들의 정상적인 발달을 촉진하는 신경발달학적 치료이다.

■ 심호흡계 물리치료

수술 전후 환자 또는 급·만성의 심폐질환 환자에게 호흡 운동, 체위배
담법 등 심폐물리치료를 적용함으로써 흉부의 움직임을 유지 향상시
키며 심장 및 폐질환의 예방 및 교정 등의 효과를 목적으로 실시한다.

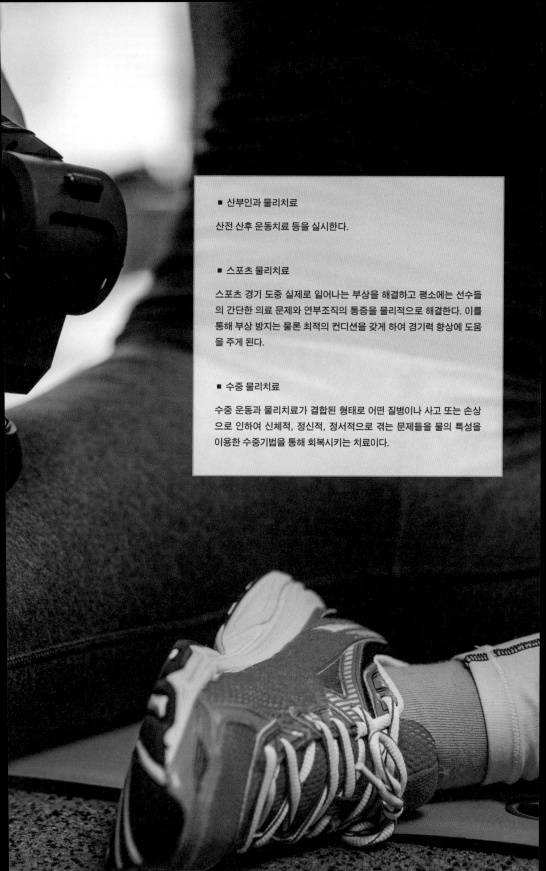

■ 산부인과 물리치료

산전 산후 운동치료 등을 실시한다.

■ 스포츠 물리치료

스포츠 경기 도중 실제로 일어나는 부상을 해결하고 평소에는 선수들의 간단한 의료 문제와 연부조직의 통증을 물리적으로 해결한다. 이를 통해 부상 방지는 물론 최적의 컨디션을 갖게 하여 경기력 향상에 도움을 주게 된다.

■ 수중 물리치료

수중 운동과 물리치료가 결합된 형태로 어떤 질병이나 사고 또는 손상으로 인하여 신체적, 정신적, 정서적으로 겪는 문제들을 물의 특성을 이용한 수중기법을 통해 회복시키는 치료이다.

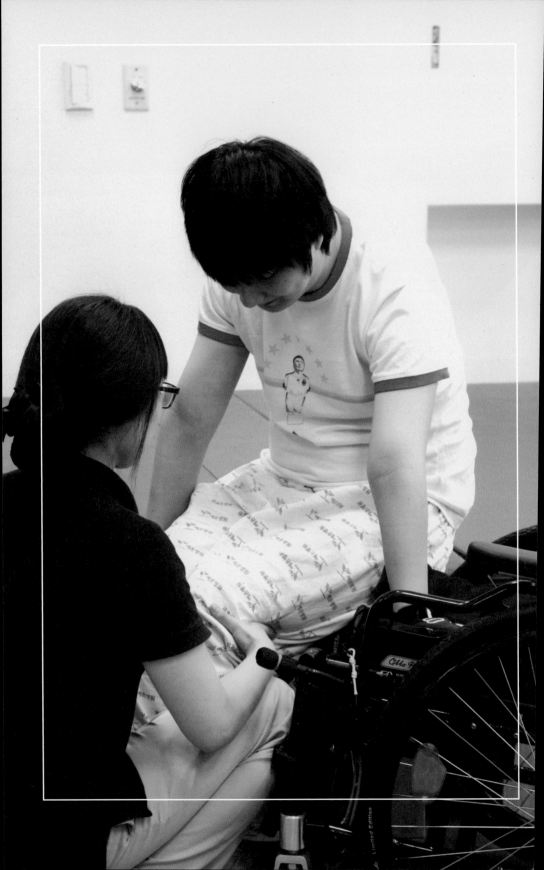

작업치료사

작업치료사의 업무

  작업치료사는 인지장애나 언어장애, 발달장애를 겪고 있는
환자뿐만 아니라 정신이상 및 신체손상을 입은 모든 사람들에게
일상생활이 가능하게끔 돕는 일을 한다. 이를 위하여 일상생활
치료와 손 기능 훈련과 같은 신체기능 증진 훈련, 지각기술훈련,
정신사회적 지각훈련, 직업 복귀를 위한 직업훈련을 비롯한 각종
적응 훈련을 실시한다.
  이러한 과정을 통해 신체와 정신적 손상 상태를 경감시키고
잔존 능력을 최대로 향상시켜 일상생활을 독립적으로 하게끔
환자를 도울 수 있다. 그래서 작업치료는 재활의 중요한 분야라고
할 수 있다.
  작업치료사는 재활의학과, 정형외과 의사 등 환자의 담당

의사가 내리는 진단에 따라 적합한 치료 계획을 수립하고
치료업무를 수행하며 물리치료사, 간호사, 사회복지사 등의
전문가들이 협동하여 환자의 치료를 돕기도 한다.

　따라서 장애인에 대한 사회적 책임 의식을 가지고 상호 믿음과
존중을 고무시킬 수 있는 온정과 인내심이 필요하며 신체적으로
건강해야 한다.

작업치료사는 인종, 국적, 성, 연령, 장애, 사회적 지위, 빈주 그리고 특정 종교에 상관없이 서비스를 제공해야 함.

■ 작업치료사는 서비스를 받는 사람에게 자신이 행하는 치료의 특성과 잠재적인 위험에 대하여 알려주어야 하며, 서비스를 받는 사람이 치료를 거부할 권리가 있음을 존중해야 함.

■ 작업치료사는 치료과정에서 알게 된 서비스를 받는 사람의 개인적인 비밀을 지켜야 함.

■ 작업치료사는 최상의 전문적인 능력을 유지하기 위하여, 계속 교육에 참여하여야 하며 항상 최선을 다하여 치료하여야 함.

■ 작업치료사는 작업치료와 관련된 의료법규와 협회의 정책을 잘 알고 있어야 하며, 그것에 따라서 활동해야 함.

작업치료와 물리치료의 공통점과 차이점

■ 공통점

– 감각/운동평가 및 치료

– 근력 및 관절가동범위 증진

– 균형 및 자세조절 훈련

■ 차이점

– 작업치료 : 인지/지각평가 및 훈련, 손 기능 훈련, 일상생활 활동 지도, 보조도구 처방 및 활용, 사회적응 지도, 작업 복귀 및 여가활동 지도, 주거환경 구조 조정

– 물리치료 : 전기광선 치료, 수 치료, 운동 치료, 통증 관리, 보행 훈련, 심호흡계 물리치료, 정형물리치료

■ 의료기관
대학병원, 종합병원, 전문병원(재활병원, 노인병원, 소아정신과,
정신과)등

■ 특수학교 교사
발달장애센터, 일반학교특수학급 및 특수학교,
특수교육지원센터 등

■ 정부기관
국공립 장애인 복지관, 보건소, 재활원, 치매센터, 요양기관 등

■ 의료 기기업체
의료기기 관련회사, 의료기기 개발 연구원 등

■ 보조공학 관련 사업체
의료기기 및 의수족 보조기 관련회사, 보조공학서비스 전문가,
장애인용품 개발 연구원 등

■ 그 외
재활관련 연구소, 장애인 직업전문 관련 전문가, 치료감호소 등

작업치료사 보수

연봉 2,300만원~3,000
만원

환자의 독립된 생활이 가능하도록 돕는 과정이기 때문에 일을
통해 얻는 보람이 매우 크며 작업치료사의 숫자가 적은 만큼
자신만의 노하우를 갖고 경쟁력을 갖기에 좋은 필드이다. 그러나
비교적 장기간의 치료가 이루어지는 특성 때문에 환자와의
유대관계를 형성하는 과정에서 스트레스를 겪을 수도 있다.

또한 작업치료사가 제공하는 의료서비스에 대한 보상체계가
의료보험급여에서 제대로 마련되어 있지 않기 때문에 많은
의료기관에서 작업치료실의 개설을 선호하지 않는다.
작업치료사에 대한 인식이 부족한 점 또한 이 직업의 단점으로
꼽힌다.

© Kzenon

치과기공사의 업무

치과기공사는 치아에 문제가 발생했을 때 치과의사의 의뢰를 받아 치과기공소나 치과기공실에서 보철물, 교정 장치 등을 제작하거나 수리, 가공 및 이와 관련한 기타 업무에 종사하는 의료기사이다.

주요 업무는 치과 보철물을 제작하는 일인데 보철물이란 구강 내 치아 및 주위 조직의 기능과 외관을 회복시켜 주기 위한 인공적 대용물을 말한다.

교정 장치 등과 같은 치료를 위한 장치물 등도 만드는데 보철물 제작 재료의 종류나 제작 형태에 따라 치과기공사의 업무가 세분된다.

치과기공소 개설은 의료기사법에 따라 지도 치과의사를 정해야 하며 시장, 군수, 구청장의 허가 아래에 치과기공소를 개설 · 운영할 수 있다.

■ 의료기관

종합병원이나 대학병원과 같은 대형 병원 소속되어있는
치과기공실 또는 개인 병 · 의원의 치과기공실에서 일한다.

■ 첨단 의료 생산업체

신소재를 비롯한 첨단 과학의 발전에 따라 치과 재료와 기기가
계속해서 연구, 제조되고 있는 실정이다. 치과기공사는 이와
같은 치과 재료 제조업체, 치과 기기 제조업체에서 일할 수
있다.

■ 치과기공 관련 연구소

해외의 선진기술을 도입하여 보다 정밀하고 심미적으로
우수한 보철물을 제작하는 방안들을 연구한다.

■ 치과 기공소 개업

의료기사 등에 관한 법률에 의해 타 의료기사와 달리
치과기공소를 단독 개설할 수 있으므로 경제적으로 안정된
생활을 할 수 있으며 퇴직에 대한 걱정 없이 일할 수 있다.

■ 그 외

보건 관계 연구기관에 취직하여 연구원으로 일할 수도 있으며
해외에 치기공사로 취업하여 일하는 방법도 있다.

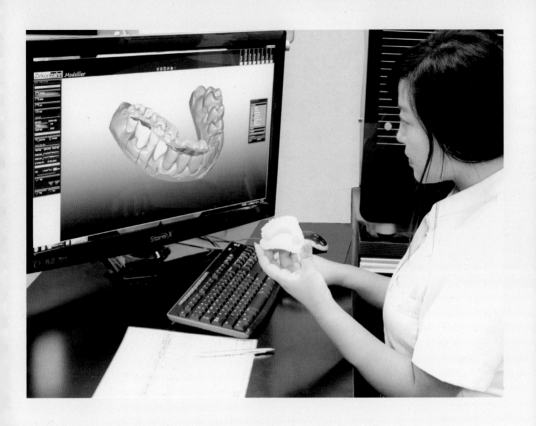

© Microgen

치과기공사 보수

　치과기공사의 임금은 능력급이나 일부 기공소에서는 경력에
따라 임금을 지불하기도 한다. 임금수준은 치과기공소 마다
편차가 크며 개인이 능력에 따라 매우 다르다.

　치과기공소에 근무하는 경우는 졸업 후 1~2년간 보조로
일하며 초임은 대략 150만원 정도이다. 숙련 수준이 향상됨에
따라 보수가 많아지는데 5년 경력이 있는 사람은 대략
180~250만원수준이다. 평균적으로 연봉
2,800만원~4,000만원의 임금 수준을 보인다.

　종합병원에 근무하는 치과기공사의 임금 수준은 다른
의료기사와 비슷하다. 이 경우 의료기사의 임금은 근속년수와
병원 규모 및 근무지역에 따라 차이를 보인다.

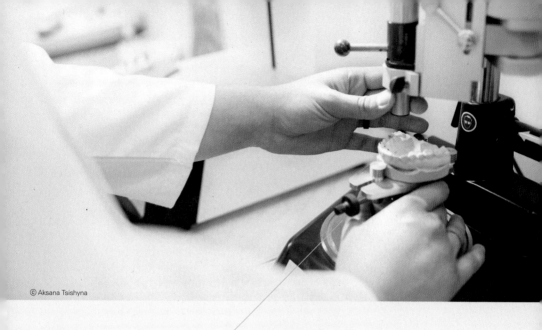
© Aksana Tsishyna

자격증을 발급받고 나면 취업이 쉽고 여성의 경우 결혼이나
육아를 끝낸 후 재취업이 용이하다는 장점이 있다. 또한 정년이
없기 때문에 나이가 들어서도 계속 일을 할 수 있다. 호주나
캐나다, 미국으로 취업이 가능하여 다양한 나라에서 직업적인
경험을 할 수도 있다.

그러나 자신의 실력을 쌓을 때 까지는 월급이 적으며 보철
재료를 만드는 공간에서 화학 약품과 석고 먼지 등에 싸여 일해야
한다는 어려움이 있으며 늦게까지 일을 해야 하는 경우가 많아
규칙적인 생활이 어려울 수 있다. 또 반복되는 작업으로 어깨
근육이나 손 등에 통증을 느낄 수 있다.

치과위생사의 업무

치과위생사는 치과에 찾아온 환자에게 치과의사의 처방과
지시에 따라 일을 한다.

주요 업무는 충치 예방을 위한 불소도포, 치아의 홈을 메우고
스케일링(치면 세마)을 하는 일과 지속적 구강건강관리를 통해
치주질환의 예방과 개개인의 구강건강 유지를 돕는 일이다. 또
환자의 구강건강상태를 기록하고 진료기록을 관리하며,
치료과정에 대한 이해를 돕고 청결한 구강상태를 유지하게
함으로써 성공적인 치료가 이루어질 수 있도록 한다.

치과 진료기구 및 장비의 소독·배치와 관리를 담당하며,
병원관리·의료보험청구·기타 행정적인 업무도 수행한다.

치과위생사의 업무 중에는 치과의사와의 진료협조 업무도

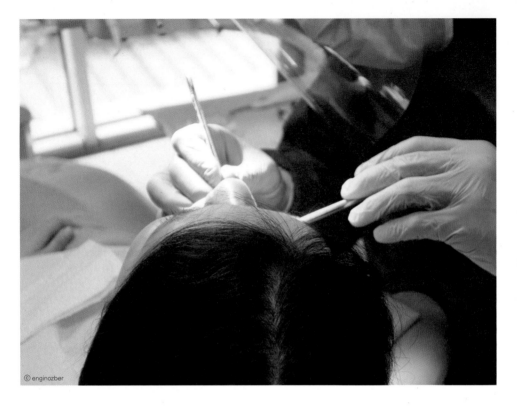

© enginozber

있다. 이들은 구강상태를 관찰하고, 치과의사의 지도에 따라 구강
내 방사선 촬영업무를 수행하며, 비교적 가벼운 치과처치에서
복잡한 구강외과 수술 시의 진료협조에 이르기까지 진료실에서
다양한 일을 한다.

　병원에서 뿐만 아니라 가정, 보건소, 학교 등에서 개인이나
대중을 상대로 구강보건교육과 집단구강검사 및 칫솔질 교육
등의 업무를 수행하기도 한다.

치과위생사 윤리강령

우리 치과위생사는 구강 보건교육, 예방 치과처치, 치과 진료 협조 및 경영관리를 지원함으로써 국민 구강건강 증진을 도모하여 궁극적으로 인간 생명의 존엄성과 의료복지의 구현에 일익을 담당하는 전문인으로 치과위생사의 직무 윤리 확립과 권익 보호를 위해 다음의 윤리강령을 다짐한다.

■ 우리는 국민의 한 사람으로서 준법정신에 투철하며 전문인으로서의 품위와 사회적 신뢰를 손상시키는 일체의 행위를 하지 않는다.

■ 우리는 모든 인종적 신앙적 경제적 배경을 초월하여 인류의 구강 건강 증진에 힘쓴다.

■ 우리는 대상자의 가치관 관습을 존중하며, 업무상 습득한 사적인 정보를 누설하지 않는다.

■ 우리는 학리상 인도주의상 허용되지 아니하는 업무의 수행을 거부할 권리가 있으며, 관련 직종 종사자들의 고유 업무를 존중하고 협력한다.

■ 우리는 수행 업무의 질적 향상과 치위생학의 학문적 발전을 꾀하기 위해 지속적인 연구활동을 경주한다.

■ 우리는 치과위생사의 사회적 지위와 권익 향상을 위해 공조하며, 전문성 확립을 위한 조직적 활동에 적극 동참한다.

■ 우리는 사회적 경제적으로 공정한 취업 상태를 보장 받을 권리가 있으며, 비인도적인 관행에는 적극적으로 대처한다.

■ 의료기관
치과 병 · 의원, 보건소 치과, 구강검진센터, 학교구강보건실,
산업체 내 치과, 복지시설 구강보건실 등에서 치과위생사로
활동할 수 있다.

■ 구강위생 용품 관련 제조 및 판매회사
강위생용품 제조회사, 구강약품제약회사 등

■ 구강보건단체 또는 연구기관
구강보건교육 홍보자료 개발회사, 구강보건 관련 연구소
등에서 활동할 수 있다.

■ 치과 관련 의료 기기업체
치과장비 및 재료 취급회사 등

■ 그 외
의료기술직으로 공무원 시험(9급)에 합격하면 보건소에서
활동할 수 있으며 4년제 치위생학을 전공한 남성의 경우 군
입대 시 치과위생부사관 및 치무병 · 의무병으로의 지원이
가능하다.
이외에도 산후조리원, 요양원, 복지관 등에서 활동 가능하며,
보험회사나 의료기기업체, 의료정보회사 등으로 폭넓게
진출할 수 있다.

치과위생사 보수

통상적으로 초봉은 1900
만원에서 시작하며 3년차
까지 2200만원으로 오르
게 된다. 그 후에는 능력에
따라 월급이 달라진다.

평균 연봉은 2,500만원
~3,300만원

　취업이 쉽고 개인 병원에서 일할 경우 경영이나 홍보와 같이
병원의 운영에 관련된 일을 함께 경험해볼 수 있다는 점이
장점으로 꼽힌다. 병원마다 다르나 치과의 특성상 정시 퇴근으로
여가 시간을 잘 활용할 수 있다는 점 또한 치위생사라는 직업이
갖는 장점이다.

　그러나 일에 비해 초봉이 적고 인상폭이 낮으며 치위생사의
공급이 많기 때문에 나이가 들어서도 계속적으로 일하기
어렵다는 것이 단점으로 꼽힌다.

치과위생 부사관이란?

치과위생 부사관은 치과병을 교육하고 관리하며 군인들의 치아나 구
강과 관련된 질병을 예방 치료한다. 남여 모두 지원할 수 있으며 치과물
자, 감염관리, 치과환자관리를 하게 된다.

치과위생 부사관이 되면 사단의무군부대로 가거나 군병원에 들어가게
되는 경우가 많다. 치과위생 부사관은 주 5일제로 일하며 9급 공무원
수준의 급여와 명절보너스, 부사관 장려수당 등 각종 수당을 지급받는
다.

Part Three

Get a Job

01

대학 해당학과 졸업 ➡ 국가 자격시험 통과 ➡ 의료기사

　의료기사는 의사나 교사 등과 같이 국가가 인정하는
전문자격이라서 보건의료와 관련된 교육기관에서 일정한 기간
이상 동안 교육을 받은 후 국가에서 시행하는 자격시험에
통과해야 한다.
　즉 전문대학, 산업대학 또는 일반 대학의 관련학과를 졸업하고
해당 자격시험에 합격하면 의료기사가 될 수 있다. 따라서
의료기사가 되려면 자기가 원하는 의료기사 관련학과에 입학하여
공부하여야 한다. 의사가 되기 위해서 의과대학에 입학하는 것과
같다. 그 다음 대학을 졸업하고 국가시험에 합격해야 한다. 대학
해당학과를 졸업하지 않으면 시험 응시자격이 없기 때문에
반드시 대학의 해당학과를 졸업해야 한다.

〈응시자격〉

　자기가 원하는 의료기사와 관련된 일반대학, 산업대학 또는
전문대학 학과를 졸업해야 하며 대학의 종류에 따른 우대나
차별은 없다.

　외국에서 대학을 졸업하는 경우에는 자기가 취득하고자하는
의료기사와 관련된 대학 학과나 그와 같은 수준의 교육과정을
마치고 그 국가에서 발급하는 해당 의료기사 자격증을 가지고
있으면 우리나라 의료기사 자격시험 응시자격을 갖는다. 그러나
모든 외국대학이 해당하는 것이 아니고 우리나라
보건복지부장관이 인정하는 외국 대학이라야 한다.

〈시험방법〉

　필기시험(객관식), 실기시험(객관식 또는 직접 실기)

〈시험 실시기관〉

　한국보건의료인국가시험원

〈합격기준〉

　■ 필기시험 : 매 과목 만점의 40%이상, 전 과목 총점의
　　60%이상 득점한 자
　■ 실기시험 : 만점의 60%이상 득점한 자

〈지원자격〉

1. 일반전형

- 고등학교 졸업자 또는 다음해 2월 졸업예정자
- 검정고시합격자 및 각종 학교 출신자

2. 특별전형

각 대학교마다 다양한 전형이 마련되어 있어서 지원하는
학생의 형편에 맞는 전형을 선택할 수 있다.

〈임상병리사 교육과정 및 전문대학교〉

임상병리학과(임상병리과)에 입학하여 3년(6학기)에 걸쳐
교양과 전공과목을 배우게 된다.

산학협력기관과 협정을 맺어 현장실습을 필수적으로 이수해야
졸업이 가능한 학교도 있다. 이는 빠르게 발전해가는
진단검사의학에 상응하는 임상현장실무의 이해와 기술이
실질적으로 임상병리학 필드에서 요구되기 때문이다.

현장실습은 임상병리검사에 관련한 체계적인 이론을 기본으로
현장 실습교육을 통해 실무 적응력을 높이고자 여러 대학에서
도입하고 있다.

- 임상병리학과 전공과목 : 인체해부학, 인체생리학,
  공중보건학, 임상화학, 임상미생물학, 조직병리학, 혈액학,
  임상생리학, 면역혈청학, 요화학, 의료법규, 생화학,
  인체조직학, 진단세포학, 혈액은행, 기생충학, 진균 및
  바이러스학, 병리학, 임상분자생물학 등

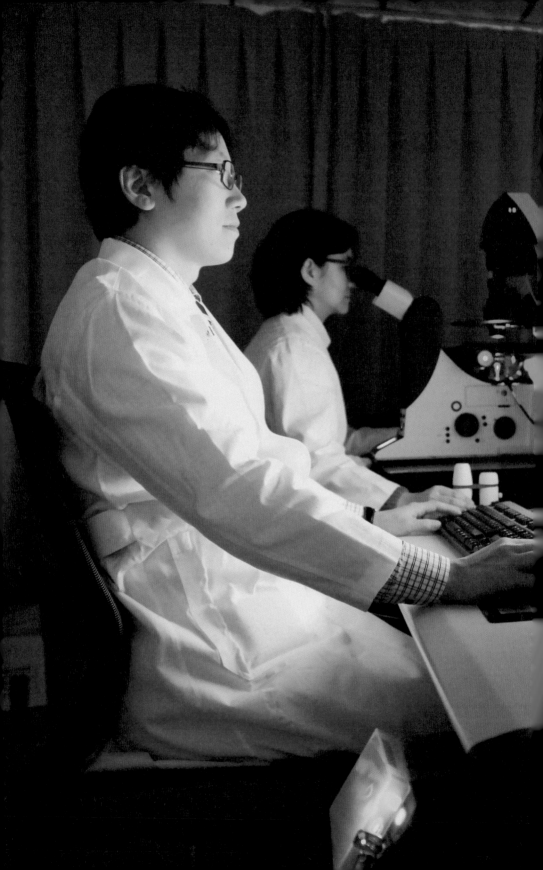

■ 농어촌 전형

1. 농어촌지역(읍·면)에 소재하는 고등학교 전 교육과정을 이수한 졸업(예정)자

2. 고등학교 입학 당시 읍 · 면의 행정구역이 재학 및 졸업 후 동으로 개편되었어도 지원 가능함.

■ 저소득층 전형

1. 「국민기초생활 보장법」에 따른 수급권자 본인 및 자녀

2. 「국민기초생활 보장법」에 따른 차상위계층

■ 전문대학(대학) 졸업자 전형

1. 전문대학 및 4년제 대학 졸업자

2. 위와 동등 이상 학력 인정 각종 학교 졸업자

3. 4년제 대학 2년 이상 교육과정 수료자

■ 재외국민 외국인 전형

1. 재외국민·외국인

2. 부모 모두가 외국인인 외국인

3. 외국에서 우리나라 초·중등교육에 상응하는 교육과정을 전부 이수한 재외국민 및 외국인

4. 북한이탈주민 : 통일부장관이 인정하는 자

※ 각 대학의 홈페이지에서 좀 더 자세한 정보를 얻을 수 있다.

■ 국내 3년제 대학교(임상병리학과 · 임상병리과)
 : 경남정보대학교, 경복대학교, 광양보건대학교,
 광주보건대학교, 김해대학교, 대경대학교, 대구보건대학교,
 대전과학기술대학교, 대전보건대학교, 동강대학교,
 동남보건대학교, 동아보건대학교, 동의과학대학교,
 마산대학교, 목포과학대학교, 수원과학대학교, 서영대학교,
 송호대학교, 신성대학교, 안산대학교, 원광보건대학교,
 전주기전대학, 제주한라대학교, 진주보건대학교,
 충북보건과학대학교, 혜전대학교

〈방사선사 교육과정 및 전문대학교〉

　방사선학과 또는 방사선과에 입학하여 3년간 교양과목과
전공과목을 공부하게 된다.

　방사선학과는 엑스레이, 라듐방사선, 초음파 등의 취급기술과
검사원리 및 검사과정 등을 학습하고 병원현장에서 바로 응용할
수 있도록 커리큘럼이 구성되어 있다.

　방사선학은 촬영 및 투시, CT(컴퓨터단층촬영),
MRI(자기공명영상), 초음파, PACS(영상전송시스템) 등의 다양한
첨단장비를 이용하여 질병의 원인을 진단하는 진단방사선 분야,
방사성동위원소를 이용한 핵의학 검사 등의 핵의학분야, 방선
분야 등으로 구분된다.

■ 방사선학과 전공과목 : 해부학, 생리학, 병리학, 방사선
 감광학, 방사선치료, 핵의학 기술학, 자기공명영상, 방사선
 계측학, 방사선학개론, 초음파 영상학, 방사선 치료학, 전산화
 단층촬영학, 디지털 영상학, 핵의학 기술학 등

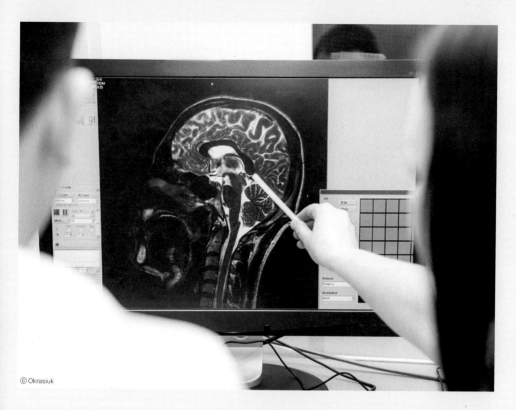

© Okrasiuk

■ 국내 3년제 대학교(방사선학과 · 방사선과)
 : 광양보건대학교, 대구보건대학교, 대원대학교,
대전보건대학교, 동강대학교, 동의과학대학교, 마산대학교,
목포과학대학교, 백석문화대학교, 서라벌대학교, 선린대학교,
송호대학교, 수성대학교, 신구대학교, 원광보건대학교,
전주비전대학교, 제주한라대학교, 춘해보건대학교,
충북보건과학대학교, 한림성심대학교, 호산대학교,
광주보건대학교, 동남보건대학교, 안산대학교

〈물리치료사 교육과정 및 전문대학교〉
   물리치료학과에서는 장애인의 재활, 통증제어, 건강관리 등
환자의 건강한 생활을 제공하는데 목적을 두고 그와 관련된
다양한 기술을 연마할 수 있도록 하는 커리큘럼을 마련하고 있다.
   물리치료학과는 2년제가 없고 모두 3년제 커리큘럼으로
구성되어 있으며 6학기에 걸쳐 물리치료학 개요(수치료, 전기 및
광선치료, 보조기 및 의수족학 등), 운동치료학(운동기능평가 및 측정,

운동치료, 임상운동학), 질환별 물리치료학(정형외과, 신경외과,
내외과, 재활의학, 정신의학)등을 이수하게 된다.

■ 물리치료학과 전공과목 : 해부학, 생리학, 병리학, 생물학,
심리학, 물리학, 화학, 정형외과학, 재활의학, 신경외과학,
소아과, 내과, 약리학, 영상판독, 응급처치, 공중보건학.
의료관계법규, 한의학 개론, 침구학, 기능해부학, 전공과목
질환별 물리치료학, 전기치료학, 수치료학, 광선치료학,
운동치료학. 보조기 의수족, 정형 물리치료, 치료적 마사지,
스포츠 물리치료, 교정치료학, 근육검진학, 임상운동학.
운동생리학, 전공과목 실습 및 임상실습 등

■ 국내 3년제 대학교(물리치료학과 · 물리치료과)
: 강동대학교, 강릉영동대학교, 경남정보대학교, 경복대학교,
경북전문대학교, 광양보건대학교, 구미대학교, 군장대학교,
김해대학교, 대구과학대학교, 대구보건대학교, 대원대학교,
대전과학기술대학교, 대전보건대학교, 동남보건대학교,
동의과학대학교, 동주대학교, 마산대학교, 목포과학대학교,
서영대학교, 선린대학교, 수원여자대학교, 신구대학교,
신성대학교, 안동과학대학교, 여주대학교, 영남이공대학교,
원광보건대학교, 전남과학대학교, 제주한라대학교,
청암대학교, 춘해보건대학교, 포항대학교, 한림성심대학교,
호산대학교, 광주보건대학교, 안산대학교, 울산과학대학교,
전주비전대학교

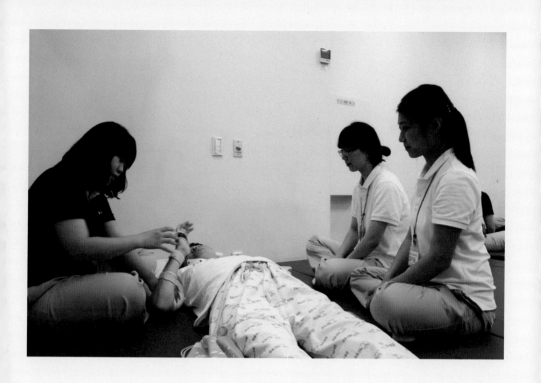

〈작업치료사 교육과정 및 전문대학교〉

　작업치료학과는 2년제가 없고 모두 3년제 커리큘럼으로 짜여
있다. 6학기 동안 작업치료학을 통해 손상이나 질병, 질환, 장해로
인한 장애 사회 활동의 제한, 사회 참여의 위축 때문에 일상적인
역할을 수행하기 어려운 환자를 회복하게끔 하는 공부를 하게
된다. 환자들이 가정과 학교, 직장, 지역사회 등에 참여하고,
다양한 상황 속에서 육체적, 인지적, 심리사회적 기능을 다시금
되찾을 수 있게 하는 학문이 작업치료학이다.

　■ 작업치료학과 전공과목 : 일반물리학, 일반화학,
　인체해부학, 작업치료 기능해부학, 생리학, 작업치료
　신경해부학, 인체운동학, 재활심리학, 아동작업치료학,
　작업치료도구, 신경계 작업치료학, 노인작업치료학, 직업재활

　■ 국내 3년제 대학교(작업치료학과 · 작업치료과)
　: 가톨릭상지대학교, 경남정보대학교, 경복대학교,
　경북과학대학교, 경북보건대학교, 경북전문대학교,

광양보건대학교, 구미대학교, 대구보건대학교,
대전보건대학교, 동강대학교, 동남보건대학교,
동아보건대학교, 동주대학교, 두원공과대학교, 마산대학교,
순천제일대학교, 신성대학교, 여주대학교, 전남과학대학교,
전주기전대학, 제주한라대학교, 춘해보건대학교,
충북보건과학대학교, 포항대학교, 혜전대학교, 충남도립대학교

〈치과기공사 교육과정 및 전문대학교〉

치기공학과는 치아 및 주위조직, 턱, 얼굴 부위 등의 손상된
부분을 인위적으로 회복하는 치과보철물에 대해 연구하고
부정교합을 치료하는 교정장치물에 대해 배우는 학과로
3년제이다.

전공이론에 관한 이해뿐만 아니라 치과보철물과 교정장치물
제작 및 적용에 필요한 기술을 학습하게 된다.

주요 분야는 크게 치의학 분야와 치과학(치과보철학) 분야로
나누어지며 치의학 분야는 치아 형태와 기능 등을 파악하기 위한
구강해부학, 치아형태학, 교합학 개론, 치과재료학 등을 다룬다.

치과학(치과보철학) 분야에서는 치과 보철장치를 만드는데
사용되는 재료의 물리적, 화학적 특징을 파악하고, 보철장치 및
교정장치의 설계와 제작에 관한 내용을 배우게 된다.

■ 치기공학과 전공과목 : 치아형태학, 치과재료학,
구강해부학, 구강보건학, 관교의치기공학, 국소의치기공학,
총의치기공학, 치과도재기공학, 충전기공학, 치과주조학,
아타치먼트기공학, 치과교정기공학, 심미치과기공학,
임플란트기공학 등

© Starik_73

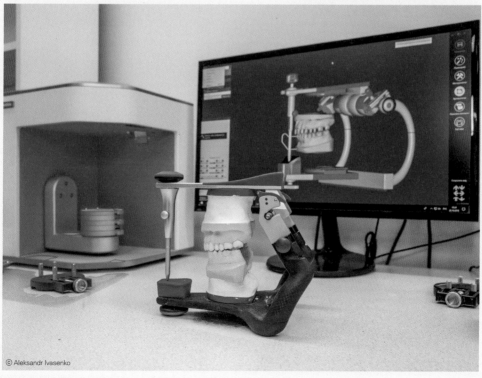
© Aleksandr Ivasenko

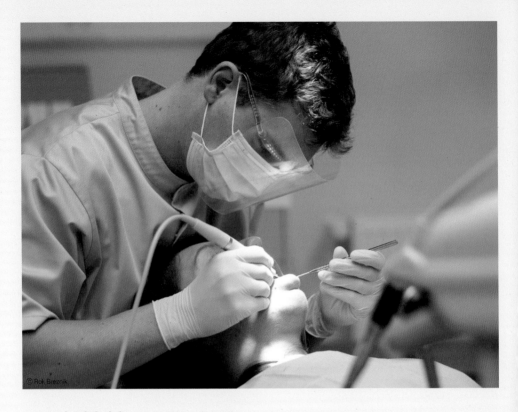
© Rok Breznik

■ 국내 3년제 대학교(치기공학과 · 치기공과)
: 광양보건대학교, 대구보건대학교, 대전보건대학교,
동남보건대학교, 동아보건대학교, 마산대학교,
부산과학기술대학교, 부천대학교, 수성대학교, 신구대학교,
원광보건대학교, 제주관광대학교, 진주보건대학교,
충북보건과학대학교, 혜전대학교, 광주보건대학교

〈치과위생사 교육과정 및 전문대학교〉
　치위생학은 사람들의 구강질환을 예방하고 건강하고 아름다운
치아를 유지할 수 있도록 전문 치위생 이론 및 기술을 연구하는
학문이다.
　기초의학에 대한 이해를 바탕으로 치아의 특성, 구강조직,
치주조직 등을 이해하기 위해 구강생리학, 치아형태학,
구강병리학 등의 치위생 기초과학부터 임상 영역별 질병에
대해서까지 배울 수 있다. 뿐만 아니라 치아에 관련된 질병을
예방하고 치료하는데 필요한 임상 치위생학과 가정 및

지역사회의 구강건강증진을 위한 구강보건교육학 등의 다양한 분야를 학습하게 된다.

■ 치위생학과 전공과목 : 치주학, 치아형태학, 구강해부학, 구강생리학, 구강병리학, 예방치과학 및 실습, 치면세마론 및 실습, 치과방사선학 및 실습, 구강보건교육학 및 실습, 공중구강보건학, 임상전단계실습, 치과보존학, 치과보철학, 치과교정학, 치과의료관리, 치과건강보험 및 실습, 임상실습

■ 국내 3년제 대학교(치위생학과 · 치위생과)
 : 가톨릭상지대학교, 강동대학교, 강릉영동대학교, 경남정보대학교, 경복대학교, 경북전문대학교, 고구려대학교, 광양보건대학교, 구미대학교, 김해대학교, 대구과학대학교, 대구보건대학교, 대동대학교, 대원대학교, 대전과학기술대학교, 대전보건대학교, 동남보건대학교, 동주대학교, 마산대학교, 목포과학대학교, 백석문화대학교, 부산과학기술대학교, 부산여자대학교, 삼육보건대학교, 서라벌대학교, 서영대학교, 송호대학교, 수성대학교, 수원과학대학교, 수원여자대학교, 신구대학교, 신성대학교, 안동과학대학교, 여주대학교, 영남외국어대학, 영남이공대학교, 원광보건대학교, 전남과학대학교, 전북과학대학교, 전주기전대학, 전주비전대학교, 제주관광대학교, 진주보건대학교, 청암대학교, 춘해보건대학교, 충북보건과학대학교, 충청대학교, 포항대학교, 한림성심대학교, 한양여자대학교, 한영대학, 혜전대학교, 광주보건대학교, 울산과학대학교

〈지원자격〉

고등학교 졸업(예정)자, 고등학교 졸업 학력인정 검정고시
합격자 및 법령에 의하여 이와 동등 이상의 학력을 소지하고
지원한 모집 단위에서 지정한 대학수학능력시험 영역에 응시한
자

- 정시 모집 외에도 각 대학마다 수시 모집을 통해 학생들을
  선발한다.
- 대학마다 특별 전형이 있으므로 자신이 원하는 대학의
  홈페이지를 꼭 살펴보도록 한다.

〈임상병리사 교육과정 및 대학교〉

4년제 대학에서는 모두 8학기에 걸쳐 임상병리학에 대해
배우게 된다. 1학년은 교양 과목 위주로 배우며 임상병리학 개론,
의학 용어, 생물학 등과 같은 기초 학문을 공부한다. 2학년부터
본격적으로 임상 혈액학, 임상 화학, 인체 생리학과 같은 과목을
공부하게 되며 3학년과 4학년 때에는 수업을 듣는 것과 함께
실습을 중심으로 임상병리학에 관한 주요 과목들을 익히게 된다.
졸업과 동시에 전문인으로 일할 수 있도록 커리큘럼이 짜여 있다.

임상병리학 커리큘럼의 예

- 1학년 : 일반화학, 일반생물학, 인체해부학, 의료사회영역,
  TOEIC I, 보건통계학, 일반화학 II, 일반생물학 II, 실험동물학,
  전산학개론, 외국어영역, 의학용어, 의학개론, 임상병리학 개론

- 2학년 : 유기화학, 세포생물학, 생화학, 조직학, 기생충학 및
  실험, 미생물학 기기분석학, 생리학, 임상분자생물학, 병리학,

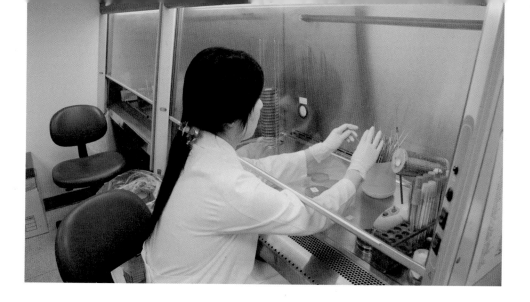

임상혈액학 및 실험 I, 임상미생물학 및 실험 I, 임상화학 및
실험 I

■ 3학년 : 임상유전학, 면역학, 임상미생물 및 실험II,
임상조직검사학 및 실험 I, 임상생리학 및 실험 I, 임상화학 및
실험 II, 사회봉사, 심폐소생술, 통합보건실습, 바이러스학,
임상혈청학 및 실험, 수혈학 및 실험, 임상조직검사학 및 실험
II, 임상생리학 및 실험 II, 요화학 및 실험

■ 4학년 : 진균학, 진단세포학, 정도관리학, 생명공학기법 및
실험, 체외수정론, 공중보건학, 의생명정보학, 감염관리 및
안전관리학, 동물세포배양학, 법의학, 의료관계법규,
병원임상실습, 핵의학검사학

임상병리학과가 설치되어 있는 4년제 대학교

가톨릭관동대학교, 건양대학교, 경동대학교, 경운대학교, 극동대학교,
김천대학교, 나사렛대학교, 남서울대학교, 단국대학교, 대구한의대학
교, 대전대학교, 동서대학교, 동의대학교, 부산가톨릭대학교, 상지대학
교, 세명대학교, 순천향대학교, 신한대학교, 연세대학교, 을지대학교,
인제대학교, 중원대학교, 청주대학교, 한려대학교, 호남대학교, 호서대
학교

© Komsan Loonprom

〈방사선사 교육과정 및 대학교〉

   4년제 방사선과에서는 3년제 대학보다 전공 기초분야를 세부적으로 깊이 있게 배울 수 있다. 1학년 때는 방사선학 개론의 입문서와 컴퓨터 프로그래밍 등과 같이 방사선사로써 기계를 다루기 위해 꼭 배워야 하는 과목을 중점으로 다룬다.

   3학년, 4학년이 되면 의료산업 분야의 현장에서 요구되는 임상능력자로서 부서관리 및 조직관리 수행능력을 강화할 수 있게 교육하기 위하여 현장연수가 이루어지도록 마련되어 있다. 이러한 전문 교육은 졸업 후 실무에서 자신의 능력을 발휘하는 데 도움이 된다.

방사선학 커리큘럼의 예

   ■ 1학년 : 대학영어 I, 전산학개론, 진로설계, 미적분학, 대학 물리학, 진료방사선학개론, 대학영어 II, 의학개론, 의학용어, 일반화학, 전기공학, 진료방사선물리학, 컴퓨터 프로그래밍, 생리학

■ 2학년 : 엑스선 촬영기술학, 방사선 기기학 I, 의료정보학, 디지털 방사선영상학, 전자공학, 병리학, 투시조영 방사선영상학, 전산화단층 방사선영상학, 방사선 영상정보학, 영상해부학, 방사선 취급 및 법령, 방사선 기기학 II

■ 3학년 : 방사선 생물학, 방사선 계측학, 초음파 영상학, 심맥 관계 및 중재적 방사선영상학, 방사선 영상정보학실험, 통합보건실습, 엑스선 촬영기술학 및 실습, 방사선 관리학, 핵의학 영상학 I, 방사선 치료학 I, 방사선기기학실험, 방사선계측학실험, 방사선과학

■ 4학년 : 자기공명영상학, 방사선영상의학, 핵의학영상학II, 방사선치료학II, 방사선간호학, 공중보건학, 의료 관계법규, 방사선학 특론, 방사선학 세미나, 현장실습 영상의학 임상실습 I, 현장실습 영상의학 임상실습II, 현장실습 핵의학영상학 임상실습, 현장실습 방사선치료학 임상실습

방사선학과가 설치되어 있는 4년제 대학교

가야대학교, 가천대학교, 강원대학교, 건양대학교, 극동대학교, 김천 대학교, 남부대학교, 대구가톨릭대학교, 동서대학교, 동신대학교, 동 의대학교, 부산가톨릭대학교, 신한대학교, 연세대학교, 을지대학교, 전 주대학교, 청주대학교, 한국국제대학교, 한려대학교, 한서대학교

© baranq

〈물리치료사 교육과정 및 대학교〉

4년제 물리치료학과에서는 기초과학을 심화과정으로 다루며 이를 통하여 물리치료에 관한 학문적 접근이 쉽도록 하고 있다. 또한 다양한 응용물리치료학을 학생들에게 접하도록 하여 임상수행능력이 높은 전문인을 양성하는 커리큘럼을 마련하고 있다.

또 물리치료사는 다른 의료인과 협동하는 일들이 많으므로 보건의료의 통합된 지식을 습득하게 하여 환자의 치료를 보다 효과적으로 도울 수 있도록 한다.

3학년과 4학년 때에는 현장 실무를 경험하게 하여 졸업과 동시에 전문인으로 활동할 수 있게끔 한다.

물리치료학 커리큘럼의 예

- ■ 1학년 : 대학영어 I, 대학영어 II, 말과글, 전산학개론, 컴퓨터 활용, 의학개론, 의학용어, 일반화학, 일반생물학, 일반물리학, 대학수학, 심리학, 물리치료학 개론, 해부학 및 실습

- ■ 2학년 : 물리치료학개론, 해부학 및 실습, 정형외과학, 신경생리학, 병리학, 생화학, 신경외과학

- ■ 3학년 : 약리학, 보건통계학 및 실습, 내과학, 한의학개론, 심폐소생술 및 응급처치, 신경계 물리치료학,

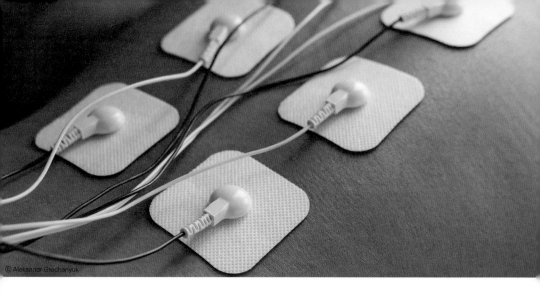

© Aleksandr Grechanyuk

전기광선치료학실습, 물리치료 진단평가학 실습, 근골격계
물리치료학, 치료적 마사지 실습

■ 4학년 : 물리치료 사회봉사, 신경과학, 일상생활동작 및
실습, 신경계운동치료학 및 실습, 정형물리치료학 및 실습,
특수 물리치료학 및 실습, 졸업논문, 운동처방학,
통합보건실습, 노인물리치료학, 영상진단학,
스포츠물리치료학, 심폐물리치료학, 의료 관계법규,
물리치료학 임상실습

물리치료학과가 설치되어 있는 4년제 대학교

가야대학교, 가천대학교, 강원대학교, 건양대학교, 경남대학교, 경동
대학교, 경성대학교, 경운대학교, 광주여자대학교, 김천대학교, 나사
렛대학교, 남부대학교, 남서울대학교, 단국대학교, 대구가톨릭대학교,
대구대학교, 대구한의대학교, 대전대학교, 동신대학교, 동의대학교,
백석대학교, 부산가톨릭대학교, 삼육대학교, 상지대학교, 선문대학교,
세한대학교, 신라대학교, 연세대학교, 영산대학교, 용인대학교, 우석대
학교, 우송대학교, 위덕대학교, 유원대학교, 을지대학교, 인제대학교,
전주대학교, 중부대학교, 청주대학교, 한국교통대학교, 한국국제대학
교, 한려대학교, 한서대학교, 호남대학교, 호서대학교, 호원대학교

〈작업치료사 교육과정 및 대학교〉

　4년제 작업치료학과에서는 1학년 때에 기초과학과 교양과목을 배우게 되며 2학년에 들어서 본격적인 작업치료학을 배우게 된다.

　작업치료학은 물리치료학과 마찬가지로 재활팀의 구성원으로 일하게 되는 특성상 다른 의료인들의 역할을 이해하고 개괄적으로 이루어지는 재활과정을 이해할 필요가 있다. 4학년 때에는 실습이 주를 이루게 되며 졸업 후 작업치료사로써 환자의 치료를 담당하기에 어려움을 겪지 않도록 하고 있다.

작업치료학 커리큘럼의 예

■ 1학년 : 정보전산(1), 글쓰기, 기초 대학영어, 초급 대학영어, 미분적분학과 벡터해석(1), 일반물리학 및 실험(1), 세계의 이해, 일반화학 및 실험(1), 사회의 이해, 일반생물학 및 실험(1), 문화의 이해, 의학용어, 인체 해부학

■ 2학년 : 중급 대학영어, 고급 대학영어, 인간의 이해, 작업치료 신경해부학, 생리학, 인체 검사학, 작업치료 기능해부학, 운동 치료학, 재활 치료의 심리학적 기초, 심리 평가, 치료적 작업 응용, 재활의학, 작업수행 분석

■ 3학년 : 병태생리학, 임상 치료실습(1), 인체 운동학, 성격 심리학, 재활 심리학, 신경계 작업치료학, 아동작업 치료학, 정신사회 작업치료학(1), 정신의학, 일상생활동작, 작업치료도구, 감각통합치료, 의료법규 및 행정

■ 4학년 : 정신사회 작업치료학(2), 작업치료학 임상실습(1), 노인작업치료학, 작업치료학 임상실습(2), 연구방법론,

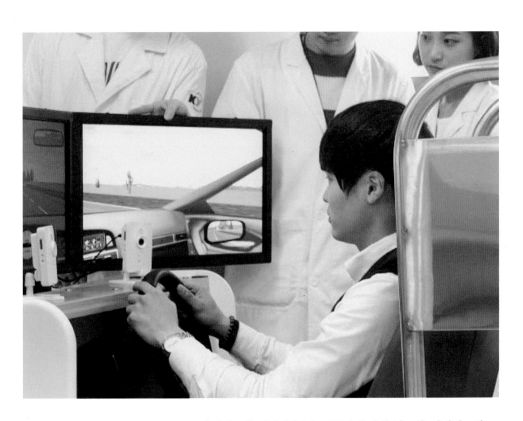

작업치료학 임상실습(3), 근골격계 작업 치료학, 작업치료학 임상실습(4), 작업치료 교재연구 및 지도법, 논문, 직업재활, 가족심리학, 임상치료실습(2), 환경과 재활보조공학, 작업치료 교재연구 및 지도법

〈치과기공사 교육과정 및 대학교〉

1학년 때에는 기초적인 학문을 공부하며 치기공에 대한 개론을 배우게 된다. 4년제 대학의 커리큘럼에서는 일반적인 치과보철물과 각종 장치물의 제작을 비롯해 관련 과학 분야와 생체재료공학 분야를 학습하여 졸업 후 치과기자재의 연구, 개발, 정비 및 생체재료에 관한 과학적 연구와 개발을 가능하게끔 돕고 있다. 특히 보건과학의 발전과 더불어 신소재와 신기술을 응용할 수 있게끔 커리큘럼을 마련하고 있으며 실습을 통해 실질적으로 치기공사로써 일하는 데 준비할 수 있도록 돕는다.

치기공학 커리큘럼의 예

■ 1학년 : 기초 치아형태학, 치과재료학, 재료과학, 응용 치과재료학, 치아형태학 및 실습

■ 2학년 : 일반생물학, 일반화학, 고정성 보철기공학Ⅰ, 총의치기공학, 구강해부학, 치아형태실습, 정밀주조공학, 치과도재학, 총의치기공실습, 고정성 보철기공학Ⅱ, 고정성 보철기공실습Ⅰ, 교합면해부학 및 실습, 응용총의치기공학, 의공학개론, 색채학 및 실습

■ 3학년 : 국소 의치학, 치과교정기공학, 응용총의치기공실습, 고정성 보철기공실습Ⅱ, 치과도재기공실습, 응용치과도재학, 국소 의치설계, 정밀가공학, 치과매식보철학 및 실습Ⅰ, 국소 의치기공학, 국소 의치기공실습, 응용치과도재기공실습, 어태치먼트기공학, 임상치과교정기공학 및 실습, CAD · CAM 치과기공학

치기공학과가 설치되어 있는 4년제 대학교

경동대학교, 김천대학교, 부산가톨릭대학교, 신한 대학교

■ 4학년 : 치과매식보철학 및 실습Ⅱ, 심미조각 실습Ⅰ,
충전기공학, 교합학, 의료기기학, 치기공캡스톤 디자인Ⅰ,
심미조각 실습Ⅱ, 구강보건학, 치과보철물설계와 제작,
현장실습(P/F), 치기공캡스톤 디자인Ⅱ

〈치과위생사 교육과정 및 대학교〉

치위생학과는 1학년 1학기부터 개괄적인 전공 수업이
시작된다. 치과 의사의 보조적인 역할이 아니라 전문인으로
활동할 수 있게끔 커리큘럼이 짜여 있다. 전반적으로 4년제
치위생학과에서는 2학년 때부터 임상실습을 실시하며 졸업 후
치위생에 관련된 지식과 기술이 발현될 수 있게끔 하는 것을
목표로 한다.

■ 1학년 : 일반화학, 생물학, 해부학 I, 치아형태학 및 실습,
치과재료학 및 실습 I, 치위생학개론, 프리젠테이션, 생리학 I,
두경부 해부학 및 실습, 구강조직발생학, 치과재료학 및 실습 II
, 임상치과학개론

■ 2학년 : 대학영어 I, 공중보건학, 구강생리학,
임상치과학(치과수복과정 I), 구강방사선학, 임상치과과정
실습 I, 치주학 I, 임상치위생학 및 실습 I, 글쓰기,
구강방사선학 실습, 임상치과학(치과수복과정 II),
임상치과과정 실습 II, 치주학 II, 임상치위생학 및 실습 II

■ 3학년 : 구강미생물학, 임상치위생학 및 실습 III,
지역사회구강보건 및 실습, 임상실습, 심폐소생술, 구강병리학,
임상치과학(구강악 안면 외과과정 및 응급처치),
임상치과학(치과교정과정), 임상치과학(소아치과과정),
구강내과학, 임상치위생학 및 실습 IV, 보건통계학

■ 4학년 : 사회봉사(P), 보건행정학, 치위생세미나 I,
치과영양학, 임상치위생학 및 실습 V, 치위생연구방법론,
진로인턴쉽, 의료 관계법규, 치과약리학, 치과경영관리,
임상치위생학 및 실습 VI, 건강보험 및 실습, 졸업시험(P),
치과임플란트학

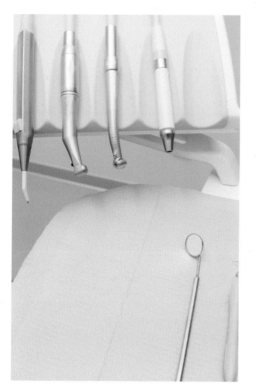
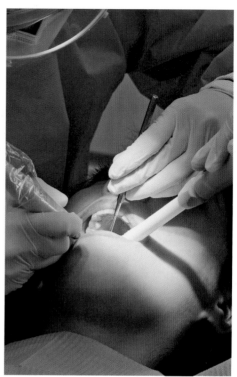

　의료기사가 되기 위하여 대학원을 갈 필요는 없다. 왜냐하면
의료기사 자격시험에 어떠한 특전도 없기 때문이다. 또한
대학에서 의료기사와 관련한 학과를 졸업하지 않고 대학원에
진학한 경우에는 의료기사 자격시험에 응시할 수도 없다.

　따라서 의료기사가 되기 위해서는 대학과정을 마쳐야 하고
대학원은 의료기사가 되고 난 뒤에 학문적으로 더 많은 연구를
하기 위하여 진학하는 곳이다. 특히 의료기사와 관련한 대학의
교수가 되고자 한다면 의료기사 자격 취득 후 대학원에 진학하여
좀 더 이론적으로 많은 연구와 공부를 하는 것이 바람직하다.

　그리고 의료기사라는 직업 자체가 기술적인 영역에 속하는
것이라서 종류에 따라서는 대학원 과정이 개설되지 않은
의료기사 분야도 있다. 이런 경우에는 직접적으로 관련 있는
학과가 아니지만 유관학과라고 인정되는 대학원 학과에
진학하여 공부할 수 있다.

〈지원자격〉

　대학원은 석사와 박사 학위과정으로 나누어진다.

　석사의 경우 보통 국내외 대학에서 학사학위를 받은 자 또는
본인이 지망하는 입학 시기 이전에 받을 예정인 자, 기타 법령에
의하여 위와 동등한 이상의 학력이 있다고 인정되는 자로 지원
자격이 정해져 있다.

　박사학위는 국내외 대학에서 석사학위를 받은 자 또는 본인이
지망하는 입학 시기 이전에 받을 예정인 자, 기타 법령에 의하여
위와 동등한 이상의 학력이 있다고 인정되는 자로 지정되어 있다.

　지원에 관련되는 서류로는 입학원서와 대학 졸업(예정) 증명서,
대학 성적증명서 박사의 경우에는 대학원 졸업(예정) 증명서,
대학원 성적증명서가 필요하며 그 외에도 학업 및 연구계획서
또는 연구실적과 외국어 성적이 요구되기도 한다.

〈대학원 교육과정〉

　학술적으로 연구하는 전문 지식인들을 개발하고자 하는
과정이므로 좀 더 세분화되고 구체적인 학문 연구가 가능하다.
교수님과 한 팀을 이루어 각 분야에 관련된 기초 학문들을
연구하고 자신의 업적을 쌓아가는 기초를 닦게 된다. 학문들의
특성상 다른 의학 관련 학과와 융합하여 연구하는 경우가 많다.

　■ 임상병리학을 연구할 수 있는 국내 대학원
　: 연세대학교, 인제대학교, 부산카톨릭대학교, 건양대학교,
　고려대학교, 을지대학교(성남), 남서울대학교

　■ 물리치료학을 연구할 수 있는 국내 대학원
　: 단국대학교 보건복지대학원/특수교육대학원, 호서대학교
　생명보건대학원, 고려대학교, 전주대학교, 서남대학교,
　한려대학교 보건대학원, 세한대학교, 동신대학교,
　대구한의대학교, 대구가톨릭대학교 의료보건과학대학원,
　경운대학교, 인제대학교, 영산대학교, 경남대학교
　산업경영대학원, 한국교통대학교, 청주대학교 보건의료대학원,
　한서대학교, 선문대학교, 남서울대학교 특수대학원,
　남서울대학교, 한림대학교 보건과학대학원, 용인대학교
　재활복지대학원, 가천대학교 보건대학원, 을지대학교
　일반대학원/보건대학원, 대전대학교 보건의료대학원,
　건양대학교 보건복지대학원, 남부대학교, 광주여자대학교,
　대구대학교 재활과학대학원, 신라대학교, 부산가톨릭대학교,
　경성대학교 임상약학보건대학원, 동의대학교, 연세대학교,
　삼육대학교, 백석대학교 보건복지대학원

　■ 치위생학을 연구할 수 있는 국내 대학원
　: 가천대학교 보건대학원, 경운대학교, 을지대학교 보건대학원,
　남서울대학교, 연세대학교, 한서대학교

02

응시자격 및 시험일정

　의료기사의 응시자격은 모두 동일하다. 자신이 응시하고자
하는 직종에 관련된 대학과 산업대학, 전문대학 학과를 졸업한
사람이나 졸업 예정자가 응시할 수 있다.
　의료기사 관련학과란 다음과 같은 학과를 말한다.

- 임상병리사 : 임상병리과(임상병리학과)
- 방사선사 　 : 방사선과(방사선학과)
- 물리치료사 : 물리치료과(물리치료학과)
- 작업치료사 : 작업치료과(작업치료학과)
- 치과기공사 : 치기공과(치기공학과)
- 치과위생사 : 치위생과(치위생학과)

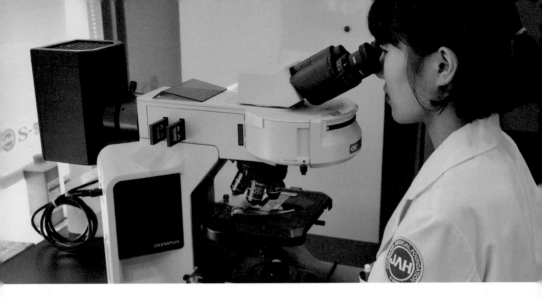

　　의료기사 면허시험은 매년 1회 실시되고, 필기시험 및
실기시험 모두 합격해야 한다. 시험접수는 보통 매년 9월에
진행되며 시험은 12월에 치러진다.

　　다음에 해당하는 자는 의료기사 자격시험에 응시할 수 없다.

1. 정신보건법 제3조제1호에 따른 정신질환자. 다만, 전문의가
의료기사 등으로서 적합하다고 인정하는 사람은 그러하지
아니하다.
2. 마약·대마 또는 향정신성의약품 중독자
3. 금치산자·한정치산자
4. 의료기사 등에 관한 법률 또는 형법 중 제234조·제269조
·제270조 제2항 내지 제4항·제317조제1항, 보건범죄
단속에 관한 특별조치법, 지역보건법, 국민건강증진법, 후천성
면역결핍증 예방법, 의료법, 응급의료에 관한 법률, 시체해부
및 보존에 관한 법률, 혈액관리법, 마약류관리에 관한 법률,
모자보건법 또는 국민건강보험법에 위반하여 금고 이상의
실형의 선고를 받고 그 집행이 종료되지 않은 자

공중보건학, 해부생리학, 조직병리학(세포학 포함),
임상생리학(순환계, 신경계, 호흡기계 및 기타생리학적 기능검사 포함),
임상화학(뇨화학, 방사성동위원소를 이용한 가검물 등의 검사 포함),
혈액학(수혈검사학 포함), 임상미생물학(진균학, 바이러스학,
기생충학, 면역혈청학 포함), 의료관계법규(의료법, 의료기사 등에 관한
법률, 감염병의 예방 및 관리에 관한 법률, 지역보건법, 혈액관리법과 그
시행령 및 시행규칙), 실기(임상검사에 관한 것)

〈임상병리사 시험내용〉

시험 종별	시험 과목수	문제수	배점	총점	문제형식
필기	3개	215개	1점/1문제	215점	객관식 5지선다형
실기	1개	65개	1점/1문제	65점	객관식 5지선다형

〈임상병리사 시험시간표〉

교시	시험과목(문제수)	교시별 문제수	시험형식	시험시간
1교시	1. 의료관계법규(20) 2. 임상검사이론 I (80)	100개	객관식	85분
2교시	1. 임상검사이론 II (115)	115개	객관식	95분
3교시	1. 실기시험(70)	65개	객관식	65분

방사선사 시험 과목 및 내용

방사선물리학, 방사선계측, 방사선생물학, 방사선관리,
전기전자개론, 방사선장치(기기), 의료영상정보, 인체해부학,
인체생리학, 공중보건학, 방사선응용(방사선영상, 투시조영검사,
심맥관 및 중재술, 초음파기술, 전산화단층검사, 자기공명영상검사,
핵의학기술, 방사선치료), 의료 관계법규(의료법, 의료기사 등에 관한
법)

〈방사선사 시험내용〉

시험 종별	시험 과목수	문제수	배점	총점	문제형식
필기	3개	200개	1점/1문제	200점	객관식 5지선다형
실기	1개	50개	1점/1문제	50점	객관식 5지선다형

〈방사선사 시험시간표〉

교시	시험과목(문제수)	교시별 문제수	시험형식	시험시간
1교시	1. 의료관계법규(20) 2. 방사선이론(90)	110개	객관식	90분
2교시	1. 방사선응용(90)	90개	객관식	75분
3교시	1. 실기시험(50)	50개	객관식	50분

물리치료사 시험 과목 및 내용

물리치료 기초(해부생리, 운동학, 물리적 인자치료, 공중보건),
물리치료 진단평가(진단평가원리, 검사와 평가, 임상의사결정,
물리치료 진단평가 문제해결), 물리치료 중재(근골격계, 신경계,
심폐혈관계, 피부계, 물리치료중재 문제해결), 의료관계법규(의료법,
의료기사 등에 관한 법률, 장애인복지법, 노인복지법, 국민건강보험법과
그 시행령 및 시행규칙), 실기(물리치료에 관한 것)

〈물리치료사 시험내용〉

시험 종별	시험 과목수	문제수	배점	총점	문제형식
필기	4개	190개	1점/1문제	190점	객관식 5지선다형
실기	1개	70개	1점/1문제	70점	객관식 5지선다형

〈물리치료사 시험시간표〉

교시	시험과목(문제수)	교시별 문제수	시험형식	시험시간
1교시	1. 물리치료 기초(60) 2. 물리치료 진단평가(45)	105개	객관식	90분
2교시	1. 물리치료 중재(65) 2. 의료관계법규(20)	85개	객관식	75분
3교시	1. 실기시험(70)	70개	객관식	85분

　작업치료학 기초(해부생리, 공중보건, 운동/감각, 인지/지각,
심리/사회발달, 전문가 자질), 측정 및 평가, 작업분석 및 적용,
신체기능장애 작업치료, 정신사회 작업치료, 일상생활 및
여가활동, 학교 작업치료, 직업재활, 지역사회 작업치료,
보조공학(스플린트 및 보조기기, 환경수정, 운전재활), 치료적 도구,
수예/공작활동, 의료관계법규(의료법, 의료기사 등에 관한 법률,
장애인복지법, 정신보건법, 노인복지법과 그 시행령 및 시행규칙),
실기(작업치료에 관한 것)

〈작업치료사 시험내용〉

시험 종별	시험 과목수	문제수	배점	총점	문제형식
필기	3개	190개	1점/1문제	190점	객관식 5지선다형
실기	1개	50개	1점/1문제	50점	객관식 5지선다형

〈작업치료사 시험시간표〉

교시	시험과목(문제수)	교시별 문제수	시험형식	시험시간
1교시	1. 의료관계법규(20) 2. 작업치료학 기초(70)	90개	객관식	70분
2교시	1. 작업치료학(100)	100개	객관식	100분
3교시	1. 실기시험(50)	50개	객관식	65분

치과기공학 기초(구강해부학, 치아형태학, 공중구강보건학개론, 치과재료학), 관교의치기공학, 치과도재기공학, 총의치기공학, 국소의치기공학, 치과충전기공학, 치과교정기공학, 의료관계법규(의료법, 의료기사 등에 관한 법률과 그 시행령 및 시행규칙, 지역보건법, 감염병의 예방 및 관리에 관한 법률과 그 시행령 및 시행규칙), 실기(치과기공에 관한 것)

〈치과기공사 시험내용〉

시험 종별	시험 과목수	문제수	배점	총점	문제형식
필기	3개	205개	1점/1문제	205점	객관식 5지선다형
실기	1개	1개	100점 /1문제	100점	치과기공물 제작

〈치과기공사 시험시간표〉

교시	시험과목(문제수)	교시별 문제수	시험형식	시험시간
1교시	1. 치과기공학 기초(75) 2. 의료관계법규(20)	95개	객관식	80분
2교시	1. 치과기공학(110)	110개	객관식	90분
3교시	1. 실기시험(제작)	1개	치과기공물 제작	140분 이내

치위생학(기초 치위생, 치위생 관리, 임상 치위생),
의료관계법규(의료법, 의료기사 등에 관한 법률, 지역보건법,
구강보건법과 그 시행령 및 시행규칙, 감염병의 예방 및 관리에 관한
법률과 그 시행령 및 시행규칙), 실기(치과위생에 관한 것)

〈치과위생사 시험내용〉

시험 종별	시험 과목수	문제수	배점	총점	문제형식
필기	2개	200개	1점/1문제	200점	객관식 5지선다형
실기	1개	1개	100점 /1문제	100점	치석제거 및 탐지능력 측정

〈치과위생사 시험시간표〉

교시	시험과목(문제수)	교시별 문제수	시험형식	시험시간
1교시	1. 의료관계법규(20) 2. 치위생학 1(80) (기초치위생, 치위생관리)	100개	객관식	85분
2교시	1. 치위생학 2(100) (임상치위생)	100개	객관식	85분

〈합격자 결정 기준〉

필기시험에 있어서는 매 과목 만점의 40퍼센트 이상, 전 과목 총점의 60퍼센트 이상 득점한 자를 합격자로 하고, 실기 시험에 있어서는 만점의 60퍼센트 이상 득점한자를 합격자로 한다.

응시자격이 없는 것으로 확인된 경우에는 합격자 발표 이후에도 합격을 취소한다.

〈합격률〉

한국보건의료인국가시험원에서 시행하는 의료기사 국가면허시험은 보통 1년에 1회 시행되고 있다.

〈의료기사 응시 및 합격률〉

〈단위: 명〉

연도	임상병리사			방사선사			물리치료사		
	응시	합격	합격률	응시	합격	합격률	응시	합격	합격률
2020년	2,918	2,355	80.7%	2,736	1,897	69.3%	5,317	4,266	80.2%
2019년	3,521	3,054	86.7%	2,622	2,022	77.1%	5,070	4,348	85.8%
2018년	2,927	1,878	64.2%	2,548	2,031	79.7%	4,999	4,469	89.4%

연도	작업치료사			치과기공사			치과위생사		
	응시	합격	합격률	응시	합격	합격률	응시	합격	합격률
2020년	2,073	1,935	93.3%	1,207	1,007	83.4%	5,689	4,213	74.1%
2019년	2,116	1,928	91.1%	1,217	963	79.1%	5,778	4,890	84.6%
2018년	2,022	1,780	88%	1,208	1,009	83.5%	5,639	4,510	80%

〈면허교부신청 서류〉

- 면허증교부신청서 1매
- 졸업증명서 원본 1매
- 의사진단서 원본 1매
  - 「정신보건법 제3조제1호에 따른 정신질환자, 마약 · 대마 또는 향정신성의약품 중독자가 아님」을 증명하는 의사의 진단서를 발급받아 제출함.
  - 진단 결과가 소견, 사료, 추측 등 모호한 경우에는 진단서로 인정되지 않음.
- 외국대학 졸업자의 면허 신청서류는 한국의료보건인국가시험원에 직접 문의하여 준비해야함.

〈면허증 발급기간〉

신청서 접수 후 약 2주 이내

〈면허증 발송지〉

면허교부신청서에 작성한 주소지로 개별 발송(등기우편)함.

요양보호사 자격증

요양보호사란 노인의료복지시설이나 재가노인복지시설 등에서 의사 또는 간호사의 지시에 따라 장기요양급여수급자에게 신체적, 정신적, 심리적, 정서적 및 사회적 보살핌을 제공하는 사람을 말한다. 요양보호사 교육기관에서 교육을 받고 면허를 발급받기 위해서는 240시간이 필요하지만 의료기사인 물리치료사와 작업치료사의 경우에는 40~50시간을 수료하면 요양보호사 자격증 시험에 응시할 수 있다.

■ 노인복지법 시행규칙 제39조의3에 따라 시·도지사로부터 지정받은 요양보호사 교육기관에서 표준교육과정은 240시간, 국가자격(면허)소지자(간호사, 간호조무사, 물리치료사, 시회복지사, 작업치료사)는 40~50시간, 경력자(경력인정기관에 따라 이수시간 다름)의 교육과정을 이수하시면 요양보호사 자격시험에 응시할 수 있다.

미국

  미국의 임상병리사는 보다 많은 직급과 직무로 세분화되어
있다. 보통 학사학위가 수여되는 4년제 대학과정으로 이루어지며
1년의 임상실습이 포함된다. 국내와는 달리 임상병리사 업무가
세분화되어 해부병리사, 세포유전학 기사, 분자생물학 기사의
별도 자격을 수여하기 위해 경력을 쌓아야 한다. 임상병리사가
되기 위해서는 자격시험에 응시하여야 하며 국내에는 대학 자격
요견이 있으나 미국의 경우에는 군대에서 50주 이상의
임상병리기술학 훈련프로그램을 이수한 자에게도 기회가
부여된다. 시험의 합격률은 65%정도이다.

  방사선사는 정부에서 인정하는 교육 프로그램을 2년에서
4년간 이수해야 한다. 방사선사 면허시험에서 통과하면

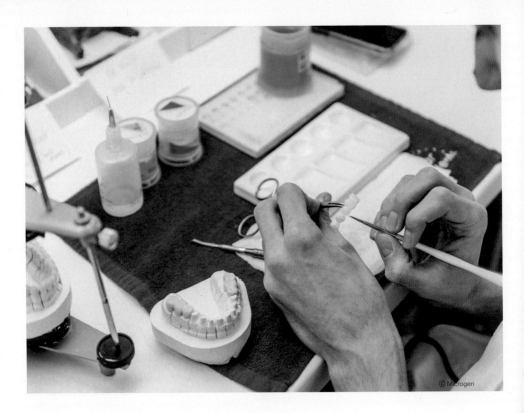

방사선사로 일할 수 있게 된다. 치기공사는 한국의 치기공사와
같은 일을 하며 2년제 커뮤니티 칼리지 이상을 졸업하거나 직업
연수학교를 마쳐야 한다. 미국의 치과위생과 과정은 전체에서 약
70%가 2년제 전문대학과정으로 이루어져 있고 4년제
학부과정이 약 30% 정도를 이루고 있다. 치과위생관련
교육자 · 연구자 및 경영자양성을 위한 대학원 과정이 개설되어
있다. 각 주의 지역치과시험기관 위원회에서 주관하는 시험을
통과하면 면허가 발급된다.

일본은 우리나라의 임상병리사에 해당되는 직종을
임상검사기사라고 부르고 있다. 처음에는 혈액등 조직의 일부인
검체를 채취하여 시행하는 검체 검사만을 가능하도록 하였으나
점차적으로 환자의 신체를 직접 접하는 생리학적 검사업무도
늘어나고 있다. 후생노동성 지정 전문학교에서 3년 과정이나
또는 문부성 지정 단기대학의 3년 과정 또는 대학(학부)에서의
4년 과정으로 하고 있다. 후생 노동성은 임상검사기사와 관련된
시험을 관련 법령에 따라 임상검사기사 국가시험을 관장하고
면허를 발급한다.

방사선사는 진료 방사선기사라 불리며 후생노동대신 의
면허를 받아 의사 또는 치과의사의 지시하에 방사선을 인체에
대하여 조사하는 일을 한다. 학교교육법에 의거하여 대학에
입학이 가능한 자로, 문부대신이 지정한 학교 또는 후생대신이
지정한 진료방사선기사 양성소에서 3년 이상
진료방사선기사로서 필요한 지식과 기능을 수습하고 수료한
사람에게 면허 시험을 치를 기회가 주어진다.

치과위생사는 최소한 2년제 또는 3년제로 전국의 전문학교를
졸업한자 이상에게 면허 시험을 통해 면허증이 발급된다.

영국

　영국에서 임상병리사가 되기 위해서는 3년간의 교육기간이
요구되며 학위 취득 후 최소한 1년 이상의 임상훈련을 받아야
한다. 치과 위생사는 협회에 등록해야 업무가 가능하고 유럽연합
회원국이 아닌 외국 출신의 치과위생사는 영국에서 재교육을
받아야만 등록할 수 있다. 치과병원과 치과의원 및
지역보건소에서 일하게 된다.

　영국에서 치과기공사는 치과기공소나 병원 등에서 최대 5년
정도의 실무기간을 소요하거나 3년 정규대학 과정을 이수하면
근무할 수 있다. 손으로 환자를 근골격계 관련 통증을 치료하는
카이로프랙틱 의료법이 제정되어 있어 그와 관련된 치료가
이루어진다.

프랑스

프랑스에서는 코메디칼이라 불리우는 기타 의료종사자로 구분된다. 대학이외의 전문 양성시설에서 교육이 이루어지며 660개에 달하고 80%는 공립이 차지한다. 마사지, 운동치료사와 같은 경우에는 법령에 의해 매년 입학정원을 정하여 계획적 양성을 하고자 한다.

중국

중국의 치과기공사는 국가에서 지정한 종합병원 및 치과병원에서 2년 또는 3년에 걸쳐 교육을 통해 양성된다.

■ 보건복지분야 고용현황 및 창출전략(선진국의 보건의료부문 고용수준 및 제도요인 분석 중심)문서유형 동향/연구보고서 발행정보 보건복지가족부 – 2010년 참조

■ 외국의 보건의료인 국가시험제도 연구(1)– 보건의료인 국가시험원 자료 참조

Part Four

Reference

01

의료기사 등에 관한 법률

제1조(목적)

이 법은 의료기사, 보건의료정보관리사 및 안경사의 자격·면허 등에 관하여 필요한 사항을 정함으로써 국민의 보건 및 의료 향상에 이바지함을 목적으로 한다.

제1조의2(정의)

이 법에서 사용하는 용어의 뜻은 다음과 같다.

1. "의료기사"란 의사 또는 치과의사의 지도 아래 진료나 의화학적(醫化學的) 검사에 종사하는 사람을 말한다.

2. "보건의료정보관리사"란 의료 및 보건지도 등에 관한 기록 및 정보의 분류·확인·유지·관리를 주된 업무로 하는 사람을 말한다.

3. "안경사"란 안경(시력보정용에 한정한다. 이하 같다)의 조제 및 판매와 콘택트렌즈(시력보정용이 아닌

경우를 포함한다. 이하 같다)의 판매를 주된 업무로 하는 사람을 말한다.

제2조(의료기사의 종류 및 업무)
① 의료기사의 종류는 임상병리사, 방사선사, 물리치료사, 작업치료사, 치과기공사 및 치과위생사로
한다.
② 의료기사는 종별에 따라 다음 각 호의 업무 및 이와 관련하여 대통령령으로 정하는 업무를
수행한다.
　1. 임상병리사: 각종 화학적 또는 생리학적 검사
　2. 방사선사: 방사선 등의 취급 또는 검사 및 방사선 등 관련 기기의 취급 또는 관리
　3. 물리치료사: 신체의 교정 및 재활을 위한 물리요법적 치료
　4. 작업치료사: 신체적 · 정신적 기능장애를 회복시키기 위한 작업요법적 치료
　5. 치과기공사: 보철물의 제작, 수리 또는 가공
　6. 치과위생사: 치아 및 구강질환의 예방과 위생 관리 등

제3조(업무 범위와 한계)
의료기사, 보건의료정보관리사 및 안경사(이하 "의료기사등"이라 한다)의 구체적인 업무의 범위와
한계는 대통령령으로 정한다.

제4조(면허)
① 의료기사등이 되려면 다음 각 호의 어느 하나에 해당하는 사람으로서 의료기사등의
국가시험(이하 "국가시험"이라 한다)에 합격한 후 보건복지부장관의 면허를 받아야 한다.
　1.「고등교육법」제2조에 따른 대학 · 산업대학 · 전문대학(이하 "대학등"이라 한다)에서 취득하려는
　　면허에 상응하는 보건의료에 관한 학문을 전공하고 졸업한 사람. 다만, 보건의료정보관리사의
　　경우「고등교육법」제11조의2에 따른 인정기관(이하 "인정기관"이라 한다)의 보건의료정보관리사
　　교육과정 인증을 받은 대학등에서 보건의료정보 관련 학문을 전공하고 보건복지부령으로 정하는
　　교과목을 이수하여 졸업한 사람이어야 한다.
　2. 삭제〈1999. 2. 8.〉
　3. 삭제〈1999. 2. 8.〉
　4. 외국의 제1호에 해당하는 학교(보건복지부장관이 정하여 고시하는 인정기준에 해당하는 학교를
　　말한다)와 같은 수준 이상의 교육과정을 이수하고 외국의 해당 의료기사등의 면허를 받은 사람
② 다음 각 호의 구분에 따른 사람으로서 6개월 이내에 졸업할 것으로 예정된 사람은 제1항제1호에
해당하는 사람으로 본다. 다만, 그 졸업예정시기에 졸업하여야 면허를 받을 수 있다.
　1. 의료기사 · 안경사: 대학등에서 취득하려는 면허에 상응하는 보건의료에 관한 학문을 전공한
　　사람
　2. 보건의료정보관리사: 인정기관의 보건의료정보관리사 교육과정 인증을 받은 대학등에서

보건의료정보 관련 학문을 전공하고 보건복지부령으로 정하는 교과목을 이수한 사람

③ 제1항제1호 단서에도 불구하고 다음 각 호의 어느 하나에 해당하는 경우에는
보건의료정보관리사 국가시험 응시자격을 갖춘 것으로 본다.

    1. 입학 당시 인정기관의 인증을 받은 대학등에 입학한 사람으로서 그 대학등에서 보건의료정보
    관련 학문을 전공하고 보건복지부령으로 정하는 교과목을 이수하여 졸업하였으나 졸업 당시 해당
    대학등이 인정기관의 인증을 받지 못한 경우

    2. 대학등이 인정기관의 인증을 처음 신청한 날부터 그 인증신청의 결과가 나오기 전까지의 기간
    동안 해당 대학등에 입학한 사람이 그 대학등에서 보건의료정보 관련 학문을 전공하고
    보건복지부령으로 정하는 교과목을 이수하여 졸업한 경우

제5조(결격사유)

다음 각 호의 어느 하나에 해당하는 사람에 대하여는 의료기사등의 면허를 하지 아니한다.

    1. 「정신건강증진 및 정신질환자 복지서비스 지원에 관한 법률」 제3조제1호에 따른 정신질환자.
    다만, 전문의가 의료기사등으로서 적합하다고 인정하는 사람의 경우에는 그러하지 아니하다.

    2. 「마약류 관리에 관한 법률」에 따른 마약류 중독자

    3. 피성년후견인, 피한정후견인

    4. 이 법 또는 「형법」 중 제234조, 제269조, 제270조제2항부터 제4항까지, 제317조제1항,
    「보건범죄 단속에 관한 특별조치법」, 「지역보건법」, 「국민건강증진법」, 「후천성면역결핍증
    예방법」, 「의료법」, 「응급의료에 관한 법률」, 「시체해부 및 보존에 관한 법률」, 「혈액관리법」,
    「마약류 관리에 관한 법률」, 「모자보건법」 또는 「국민건강보험법」을 위반하여 금고 이상의 실형을
    선고받고 그 집행이 끝나지 아니하거나 면제되지 아니한 사람

제6조(국가시험)

① 국가시험은 대통령령으로 정하는 바에 따라 해마다 1회 이상 보건복지부장관이 실시한다.

② 보건복지부장관은 대통령령으로 정하는 바에 따라 「한국보건의료인국가시험원법」에 따른
한국보건의료인국가시험원으로 하여금 국가시험을 관리하게 할 수 있다.

제7조(응시자격의 제한 등)

① 제5조 각 호의 어느 하나에 해당하는 사람은 국가시험에 응시할 수 없다.

② 부정한 방법으로 국가시험에 응시한 사람 또는 국가시험에 관하여 부정행위를 한 사람에
대하여는 그 시험을 정지시키거나 합격을 무효로 한다.

③ 보건복지부장관은 제2항에 따라 시험이 정지되거나 합격이 무효가 된 사람에 대하여 처분의
사유와 위반 정도 등을 고려하여 보건복지부령으로 정하는 바에 따라 그 다음에 치러지는 국가시험
응시를 3회의 범위에서 제한할 수 있다.

제8조(면허의 등록 등)

① 보건복지부장관은 의료기사등의 면허를 할 때에는 그 종류에 따르는 면허대장에 그 면허에 관한 사항을 등록하고 그 면허증을 발급하여야 한다.

② 제1항에 따른 면허의 등록과 면허증에 관하여 필요한 사항은 보건복지부령으로 정한다.

제9조(무면허자의 업무금지 등)

① 의료기사등이 아니면 의료기사등의 업무를 하지 못한다. 다만, 대학등에서 취득하려는 면허에 상응하는 교육과정을 이수하기 위하여 실습 중에 있는 사람의 실습에 필요한 경우에는 그러하지 아니하다.

② 의료기사등이 아니면 의료기사등의 명칭 또는 이와 유사한 명칭을 사용하지 못한다.

③ 의료기사등은 제4조에 따라 받은 면허를 다른 사람에게 대여하여서는 아니 된다.

④ 누구든지 제4조에 따라 받은 면허를 대여받아서는 아니 되며 면허 대여를 알선하여서도 아니 된다.

제10조(비밀누설의 금지)

의료기사등은 이 법 또는 다른 법령에 특별히 규정된 경우를 제외하고는 업무상 알게 된 비밀을 누설하여서는 아니 된다.

제11조(실태 등의 신고)

① 의료기사등은 대통령령으로 정하는 바에 따라 최초로 면허를 받은 후부터 3년마다 그 실태와 취업상황을 보건복지부장관에게 신고하여야 한다.

② 보건복지부장관은 제20조의 보수교육을 받지 아니한 의료기사등에 대하여 제1항에 따른 신고를 반려할 수 있다.

③ 보건복지부장관은 대통령령으로 정하는 바에 따라 제1항에 따른 신고 업무를 전자적으로 처리할 수 있는 전자정보처리시스템(이하 "신고시스템"이라 한다)을 구축 · 운영할 수 있다.

제11조의2(치과기공소의 개설등록 등)

① 치과의사 또는 치과기공사가 아니면 치과기공소를 개설할 수 없다.

② 치과의사 또는 치과기공사는 1개소의 치과기공소만을 개설할 수 있다.

③ 치과기공소를 개설하려는 자는 보건복지부령으로 정하는 바에 따라 특별자치시장 · 특별자치도지사 · 시장 · 군수 · 구청장(자치구의 구청장에 한한다. 이하 같다)에게 개설등록을 하여야 한다.

④ 제3항에 따라 치과기공소를 개설하고자 하는 자는 보건복지부령으로 정하는 시설 및 장비를 갖추어야 한다.

제11조의3(치과기공사 등의 준수사항)
① 치과기공사는 제3조에 따른 업무(이하 "치과기공물제작등 업무"라 한다)를 수행할 때 치과의사가
발행한 치과기공물제작의뢰서에 따라야 한다.
② 치과기공물제작등 업무를 의뢰한 치과의사 및 치과기공소 개설자는 보건복지부령으로 정하는
바에 따라 치과기공물제작의뢰서를 보존하여야 한다.
③ 치과기공물제작등 업무를 의뢰한 치과의사는 실제 기공물 제작 등이 치과기공물제작의뢰서에
따라 적합하게 이루어지고 있는지 여부를 확인할 수 있으며 해당 치과기공소 개설자는 이에 따라야
한다.

제12조(안경업소의 개설등록 등)
① 안경사가 아니면 안경을 조제하거나 안경 및 콘택트렌즈의 판매업소(이하 "안경업소"라 한다)를
개설할 수 없다.
② 안경사는 1개의 안경업소만을 개설할 수 있다.
③ 안경업소를 개설하려는 사람은 보건복지부령으로 정하는 바에 따라
특별자치시장 · 특별자치도지사 · 시장 · 군수 · 구청장에게 개설등록을 하여야 한다.
④ 제3항에 따라 안경업소를 개설하려는 사람은 보건복지부령으로 정하는 시설 및 장비를 갖추어야
한다.
⑤ 누구든지 안경 및 콘택트렌즈를 다음 각 호의 어느 하나에 해당하는 방법으로 판매 등을 하여서는
아니 된다.
  1. 「전자상거래 등에서의 소비자보호에 관한 법률」 제2조에 따른 전자상거래 및 통신판매의 방법
  2. 판매자의 사이버몰(컴퓨터 등과 정보통신설비를 이용하여 재화 등을 거래할 수 있도록 설정된
  가상의 영업장을 말한다) 등으로부터 구매 또는 배송을 대행하는 등 보건복지부령으로 정하는
  방법
⑥ 안경사는 안경 및 콘택트렌즈를 안경업소에서만 판매하여야 한다.
⑦ 안경사는 콘택트렌즈를 판매하는 경우 콘택트렌즈의 사용방법과 유통기한 및 부작용에 관한
정보를 제공하여야 한다.

제13조(폐업 등의 신고)
치과기공소 또는 안경업소의 개설자는 폐업을 하거나 등록사항을 변경한 경우에는
보건복지부령으로 정하는 바에 따라 지체 없이 특별자치시장 · 특별자치도지사 · 시장 · 군수 ·
구청장에게 신고하여야 한다.

제14조(과장광고 등의 금지)
① 치과기공소 또는 안경업소는 해당 업무에 관하여 거짓광고 또는 과장광고를 하지 못한다.
② 누구든지 영리를 목적으로 특정 치과기공소 · 안경업소 또는 치과기공사 · 안경사에게 고객을

알선·소개 또는 유인하여서는 아니 된다.

③ 제1항 및 제2항에 따른 과장광고 등의 금지와 관련하여 필요한 사항은 「표시·광고의 공정화에 관한 법률」 및 「독점규제 및 공정거래에 관한 법률」에서 정하는 바에 따른다.

제15조(보고와 검사 등)

① 특별자치시장·특별자치도지사·시장·군수·구청장은 치과기공소 또는 안경업소의 개설자에게 그 지도·감독에 필요한 범위에서 보고를 명하거나 소속 공무원으로 하여금 업무 상황, 시설 등을 검사하게 할 수 있다.

② 제1항의 경우에 소속 공무원은 그 권한을 나타내는 증표 및 조사기간, 조사범위, 조사담당자 및 관계 법령 등 보건복지부령으로 정하는 사항이 기재된 서류를 지니고 이를 관계인에게 보여주어야 한다.

③ 소속 공무원이 제1항에 따라 업무 상황, 시설 등을 검사하는 경우 그 절차·방법 등에 관하여는 이 법에서 정하는 사항을 제외하고는 「행정조사기본법」에서 정하는 바에 따른다.

제16조(중앙회)

① 의료기사등은 대통령령으로 정하는 바에 따라 그 면허의 종류에 따라 전국적으로 조직을 가지는 단체(이하 "중앙회"라 한다)를 설립하여야 한다.

② 중앙회는 법인으로 한다.

③ 중앙회에 관하여 이 법에 규정되지 아니한 사항은 「민법」 중 사단법인에 관한 규정을 준용한다.

④ 중앙회는 대통령령으로 정하는 바에 따라 특별시·광역시·도 및 특별자치도에 지부를 설치하여야 하며, 시·군·구(자치구를 말한다)에 분회를 설치할 수 있다. 다만, 그 외의 지부나 외국에 지부를 설치하려면 보건복지부장관의 승인을 받아야 한다.

⑤ 중앙회가 지부나 분회를 설치한 때에는 그 지부나 분회의 책임자는 지체 없이 특별시장·광역시장·도지사·특별자치도지사 또는 시장·군수·구청장에게 신고하여야 한다.

⑥ 각 중앙회는 제22조의2에 따른 자격정지 처분 요구에 관한 사항을 심의·의결하기 위하여 윤리위원회를 둔다.

⑦ 제6항에 따른 윤리위원회의 구성, 운영 등에 필요한 사항은 대통령령으로 정한다.

제20조(보수교육)

① 보건기관·의료기관·치과기공소·안경업소 등에서 각각 그 업무에 종사하는 의료기사등(1년 이상 그 업무에 종사하지 아니하다가 다시 업무에 종사하려는 의료기사등을 포함한다)은 보건복지부령으로 정하는 바에 따라 보수(補修)교육을 받아야 한다.

② 제1항에 따른 보수교육의 시간·방법·내용 등에 필요한 사항은 대통령령으로 정한다.

제21조(면허의 취소 등)

① 보건복지부장관은 의료기사등이 다음 각 호의 어느 하나에 해당하면 그 면허를 취소할 수 있다. 다만, 제1호의 경우에는 면허를 취소하여야 한다.

　1. 제5조제1호부터 제4호까지의 규정에 해당하게 된 경우

　2. 삭제〈1999. 2. 8.〉

　3. 제9조제3항을 위반하여 다른 사람에게 면허를 대여한 경우

　3의2. 제11조의3제1항을 위반하여 치과의사가 발행하는 치과기공물제작의뢰서에 따르지 아니하고 치과기공물제작등 업무를 한 때

　4. 제22조제1항 또는 제3항에 따른 면허자격정지 또는 면허효력정지 기간에 의료기사등의 업무를 하거나 3회 이상 면허자격정지 또는 면허효력정지 처분을 받은 경우

② 의료기사등이 제1항에 따라 면허가 취소된 후 그 처분의 원인이 된 사유가 소멸되는 등 대통령령으로 정하는 사유가 있다고 인정될 때에는 보건복지부장관은 그 면허증을 재발급할 수 있다. 다만, 제1항제3호 및 제4호에 따라 면허가 취소된 경우와 제5조제4호에 따른 사유로 면허가 취소된 경우에는 그 취소된 날부터 1년 이내에는 재발급하지 못한다.

제22조(자격의 정지)

① 보건복지부장관은 의료기사등이 다음 각 호의 어느 하나에 해당하는 경우에는 6개월 이내의 기간을 정하여 그 면허자격을 정지시킬 수 있다.

　1. 품위를 현저히 손상시키는 행위를 한 경우

　2. 치과기공소 또는 안경업소의 개설자가 될 수 없는 사람에게 고용되어 치과기공사 또는 안경사의 업무를 한 경우

　2의2. 치과진료를 행하는 의료기관 또는 제11조의2제3항에 따라 등록한 치과기공소가 아닌 곳에서 치과기공사의 업무를 행한 때

　2의3. 제11조의2제3항을 위반하여 개설등록을 하지 아니하고 치과기공소를 개설·운영한 때

　2의4. 제11조의3제2항을 위반하여 치과기공물제작의뢰서를 보존하지 아니한 때

　2의5. 제11조의3제3항을 위반한 때

　3. 그 밖에 이 법 또는 이 법에 따른 명령을 위반한 경우

② 제1항제1호에 따른 품위손상행위의 범위에 관하여는 대통령령으로 정한다.

③ 보건복지부장관은 의료기사등이 제11조에 따른 신고를 하지 아니한 때에는 신고할 때까지 면허의 효력을 정지할 수 있다.

④ 제1항에 따른 자격정지처분은 그 사유가 발생한 날부터 5년이 지나면 하지 못한다. 다만, 그 사유에 대하여 「형사소송법」 제246조에 따른 공소가 제기된 경우에는 공소가 제기된 날부터 해당 사건의 재판이 확정된 날까지의 기간은 시효기간에 산입하지 아니한다.

제23조(시정명령)

①특별자치시장·특별자치도지사·시장·군수·구청장은 치과기공소 또는 안경업소의 개설자가 다음 각 호의 어느 하나에 해당되는 때에는 위반된 사항의 시정을 명할 수 있다.

　1. 제11조의2제4항 및 제12조제4항에 따른 시설 및 장비를 갖추지 못한 때

　1의2. 제12조제7항을 위반하여 안경사가 콘택트렌즈의 사용방법과 유통기한 및 부작용에 관한 정보를 제공하지 아니한 경우

　2. 제13조에 따라 폐업 또는 등록의 변경사항을 신고하지 아니한 때

② 보건복지부장관은 제28조제2항에 따른 업무의 수탁기관이 제20조제2항에 따른 보수교육의 시간·방법·내용 등에 관한 사항을 위반하여 보수교육을 실시하거나 실시하지 아니한 경우에는 시정을 명할 수 있다.

제24조(개설등록의 취소 등)

① 특별자치시장·특별자치도지사·시장·군수·구청장은 치과기공소 또는 안경업소의 개설자가 다음 각 호의 어느 하나에 해당할 때에는 6개월 이내의 기간을 정하여 영업을 정지시키거나 등록을 취소할 수 있다.

　1. 제11조의2제2항 또는 제12조제2항을 위반하여 2개 이상의 치과기공소 또는 안경업소를 개설한 경우

　2. 제14조제1항을 위반하여 거짓광고 또는 과장광고를 한 경우

　3. 안경사의 면허가 없는 사람으로 하여금 안경의 조제 및 판매와 콘택트렌즈의 판매를 하게 한 경우

　4. 이 법에 따라 영업정지처분을 받은 치과기공소 또는 안경업소의 개설자가 영업정지기간에 영업을 한 경우

　5. 치과기공사가 아닌 자로 하여금 치과기공사의 업무를 하게 한 때

　6. 제23조에 따른 시정명령을 이행하지 아니한 경우

②제1항에 따라 개설등록의 취소처분을 받은 사람은 그 등록취소처분을 받은 날부터 6개월 이내에 치과기공소 또는 안경업소를 개설하지 못한다.

③ 치과기공소 또는 안경업소의 개설자가 제22조에 따른 면허자격정지처분을 받은 경우에는 그 면허자격정지기간 동안 해당 치과기공소 또는 안경업소는 영업을 하지 못한다. 다만, 치과기공소의 개설자가 제22조제1항제2호의4 및 제2호의5에 따른 면허자격정지처분을 받은 경우로서 해당 치과기공소에 그 개설자가 아닌 치과의사 또는 치과기공사가 종사하고 있는 경우에는 그러하지 아니하다.

④ 제1항에 따른 치과기공소 및 안경업소의 업무정지처분의 효과는 그 처분이 확정된 치과기공소 및 안경업소를 양수한 자에게 승계되고, 업무정지처분절차가 진행 중인 때에는 양수인에 대하여 그 절차를 계속 진행할 수 있다. 다만, 양수인이 그 처분 또는 위반사실을 알지 못하였음을 증명하는 때에는 그러하지 아니하다.

⑤ 제1항에 따른 업무정지처분을 받았거나 업무정지처분의 절차가 진행 중인 자는 행정처분을 받은 사실 또는 행정처분 절차가 진행 중인 사실을 보건복지부령으로 정하는 바에 따라 양수인에게 지체 없이 통지하여야 한다.

제25조(행정처분의 기준)
제21조부터 제24조까지의 규정에 따른 행정처분의 세부적인 사항은 보건복지부령으로 정한다.

제26조(청문)
보건복지부장관 또는 특별자치시장 · 특별자치도지사 · 시장 · 군수 · 구청장은 다음 각 호의 어느 하나에 해당하는 처분을 하려면 청문을 하여야 한다.
　1. 제21조제1항에 따른 면허의 취소
　2. 제24조제1항에 따른 등록의 취소

제27조(수수료)
다음 각 호의 어느 하나에 해당하는 사람은 보건복지부령으로 정하는 바에 따라 수수료를 내야 한다.
1. 의료기사등의 면허를 받으려는 사람
2. 면허증을 재발급받으려는 사람
3. 국가시험에 응시하려는 사람

제28조(권한의 위임 또는 위탁)
① 이 법에 따른 보건복지부장관의 권한은 그 일부를 대통령령으로 정하는 바에 따라 소속 기관의 장, 특별시장 · 광역시장 · 특별자치시장 · 도지사 · 특별자치도지사, 시장 · 군수 · 구청장 또는 보건소장에게 위임할 수 있다.
② 보건복지부장관은 의료기사등의 실태 등의 신고 수리, 의료기사등에 대한 교육 등 업무의 일부를 대통령령으로 정하는 바에 따라 관계 전문기관 또는 단체 등에 위탁할 수 있다.

제30조(벌칙)
① 다음 각 호의 어느 하나에 해당하는 사람은 3년 이하의 징역 또는 3천만원 이하의 벌금에 처한다.
　1. 제9조제1항 본문을 위반하여 의료기사등의 면허 없이 의료기사등의 업무를 한 사람
　2. 제9조제3항을 위반하여 다른 사람에게 면허를 대여한 사람
　2의2. 제9조제4항을 위반하여 면허를 대여받거나 면허 대여를 알선한 사람
　3. 제10조를 위반하여 업무상 알게 된 비밀을 누설한 사람
　4. 제11조의2제1항을 위반하여 치과기공사의 면허 없이 치과기공소를 개설한 자. 다만, 제11조의2제1항에 따라 개설등록을 한 치과의사는 제외한다.
　5. 제11조의3제1항을 위반하여 치과의사가 발행한 치과기공물제작의뢰서에 따르지 아니하고

치과기공물제작등 업무를 행한 자

6. 제12조제1항을 위반하여 안경사의 면허 없이 안경업소를 개설한 사람

② 제1항제3호의 죄는 고소가 있어야 공소를 제기할 수 있다.

제31조(벌칙)

다음 각 호의 어느 하나에 해당하는 자는 500만원 이하의 벌금에 처한다.

1. 제9조제2항을 위반하여 의료기사등의 면허 없이 의료기사등의 명칭 또는 이와 유사한 명칭을 사용한 자

1의2. 제11조의2제2항을 위반하여 2개소 이상의 치과기공소를 개설한 자

2. 제12조제2항을 위반하여 2개 이상의 안경업소를 개설한 자

2의2. 제11조의2제3항을 위반하여 등록을 하지 아니하고 치과기공소를 개설한 자

3. 제12조제3항을 위반하여 등록을 하지 아니하고 안경업소를 개설한 자

3의2. 제12조제5항을 위반한 사람

3의3. 제12조제6항을 위반하여 안경 및 콘택트렌즈를 안경업소 외의 장소에서 판매한 안경사

4. 제14조제2항을 위반하여 영리를 목적으로 특정 치과기공소 · 안경업소 또는 치과기공사 · 안경사에게 고객을 알선 · 소개 또는 유인한 자

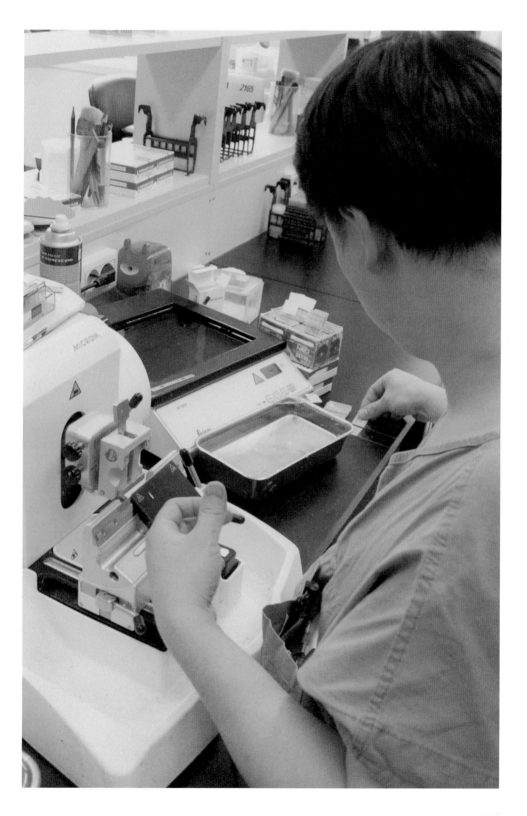

02

제1조(목적)

이 영은 「의료기사 등에 관한 법률」에서 위임된 사항과 그 시행에 필요한 사항을 규정함을 목적으로 한다.

제2조(의료기사, 보건의료정보관리사 및 안경사의 업무 범위 등)

① 「의료기사 등에 관한 법률」(이하 "법"이라 한다) 제2조제2항에 따른 의료기사의 종류에 따른 업무 및 법 제3조에 따른 의료기사, 보건의료정보관리사 및 안경사(이하 "의료기사등"이라 한다)의 구체적인 업무범위는 별표 1에 따른다.

② 의료기사는 의사 또는 치과의사의 지도를 받아 별표 1에 따른 업무를 수행한다.

제3조(국가시험의 범위)

① 법 제6조에 따른 의료기사등의 국가시험(이하 "국가시험"이라 한다)은 의료기사등의 종류에 따라 임상병리 · 방사선 · 물리치료 · 작업치료 · 치과기공 · 치과위생 · 보건의료정보관리 · 안경광학 및 보건의료 관계 법규에 대하여 의료기사등이 갖추어야 할 지식과 기능에 관하여 실시한다.

② 국가시험은 필기시험과 실기시험으로 구분하여 실시하되, 실기시험은 필기시험 합격자에 대해서만 실시한다. 다만, 보건복지부장관이 필요하다고 인정하는 경우에는 필기시험과 실기시험을 병합하여 실시할 수 있다.

③ 제2항의 필기시험의 과목, 실기시험의 범위 및 합격자 결정, 그 밖에 필요한 사항은 보건복지부령으로 정한다.

제4조(국가시험의 시행과 공고)

① 보건복지부장관은 법 제6조제2항에 따라 「한국보건의료인국가시험원법」에 따른 한국보건의료인국가시험원(이하 "국가시험관리기관"이라 한다)으로 하여금 국가시험을 관리하도록 한다.

② 국가시험관리기관의 장은 국가시험을 실시하려는 경우에는 미리 보건복지부장관의 승인을 받아 시험일시 · 시험장소 · 시험과목, 응시원서 제출기간, 그 밖에 시험 실시에 필요한 사항을 시험일 90일 전까지 공고하여야 한다. 다만, 시험장소는 지역별 응시인원이 확정된 후 시험일 30일 전까지 공고할 수 있다.

제5조(시험위원)

국가시험관리기관의 장은 국가시험을 실시할 때마다 시험과목별로 전문지식을 갖춘 사람 중에서 시험위원을 위촉한다.

제6조(국가시험의 응시)

국가시험에 응시하려는 사람은 국가시험관리기관의 장이 정하는 응시원서를 국가시험관리기관의 장에게 제출하여야 한다.

제7조(면허증의 발급)

① 국가시험에 합격한 사람은 보건복지부령으로 정하는 서류를 첨부하여 보건복지부장관에게 면허증 발급을 신청하여야 한다.

② 보건복지부장관은 제1항에 따라 면허증 발급을 신청한 사람에게 보건복지부령으로 정하는 바에 따라 면허증을 발급한다.

제8조(실태 등의 신고)

의료기사등은 법 제11조제1항에 따라 그 실태와 취업상황을 제7조에 따른 면허증을 발급받은 날부터 매 3년이 되는 해의 12월 31일까지 보건복지부령으로 정하는 바에 따라 보건복지부장관에게 신고하여야 한다. 다만, 다음 각 호의 어느 하나에 해당하는 경우에는 그 구분에 따른 날부터 매 3년이 되는 해의 12월 31일까지 신고하여야 한다.

  1. 법 제21조에 따라 면허가 취소된 후 면허증을 재발급받은 경우: 면허증을 재발급받은 날

  2. 법률 제11102호 의료기사 등에 관한 법률 일부개정법률 부칙 제3조제1항에 따라 신고를 한 경우: 신고를 한 날

제12조(면허증의 재발급)

① 법 제21조제2항에 따른 면허증의 재발급 사유는 다음 각 호의 구분에 따른다.

  1. 법 제5조제1호부터 제3호까지의 사유로 면허가 취소된 경우: 취소의 원인이 된 사유가 소멸되었을 때

  2. 법 제5조제4호의 사유로 면허가 취소된 경우: 해당 형의 집행이 끝나거나 면제된 후 1년이 지난 사람으로서 뉘우치는 빛이 뚜렷할 때

  3. 법 제21조제1항제3호 또는 제4호에 따라 면허가 취소된 경우: 면허가 취소된 후 1년이 지난 사람으로서 뉘우치는 빛이 뚜렷할 때

  4. 법 제21조제1항제3호의2에 따라 면허가 취소된 경우: 면허가 취소된 후 6개월이 지난 사람으로서 뉘우치는 빛이 뚜렷할 때

② 제1항에 따른 면허증 재발급의 절차·방법 등에 관하여 필요한 사항은 보건복지부령으로 정한다.

제13조(의료기사등의 품위손상행위의 범위)

법 제22조제1항제1호에 따른 품위손상행위의 범위는 다음 각 호와 같다.

  1. 제2조에 따른 의료기사등의 업무 범위를 벗어나는 행위

  2. 의사나 치과의사의 지도를 받지 아니하고 제2조의 업무를 하는 행위(보건의료정보관리사와 안경사의 경우는 제외한다)

  3. 학문적으로 인정되지 아니하거나 윤리적으로 허용되지 아니하는 방법으로 업무를 하는 행위

  4. 검사 결과를 사실과 다르게 판시하는 행위

제14조(업무의 위탁)

① 법 제28조제2항에 따라 보건복지부장관은 법 제11조제1항에 따른 신고 수리 업무를 법 제16조에 따라 의료기사등의 면허 종류별로 설립된 단체(이하 이 조에서 "중앙회"라 한다)에 위탁한다.

② 제1항에 따라 업무를 위탁받은 중앙회는 위탁받은 업무의 처리 내용을 보건복지부령으로 정하는 바에 따라 보건복지부장관에게 보고하여야 한다.

③ 법 제28조제2항에 따라 보건복지부장관은 법 제20조에 따른 의료기사등에 대한 보수교육을 다음

각 호의 어느 하나에 해당하는 기관 중 교육 능력을 갖춘 것으로 인정되는 기관에 위탁한다.

  1.「고등교육법」제2조에 따른 학교로서 해당 의료기사등의 면허에 관련된 학과가 개설된 전문대학 이상의 학교

  2. 중앙회

  3. 해당 의료기사등의 업무와 관련된 연구기관

④ 보건복지부장관은 제3항에 따라 보수교육을 위탁한 때에는 수탁기관 및 위탁업무의 내용을 고시하여야 한다.

제1조(목적)

이 규칙은 「의료기사 등에 관한 법률」 및 같은 법 시행령에서 위임된 사항과 그 시행에 필요한
사항을 규정함을 목적으로 한다.

제8조(시험과목)

「의료기사 등에 관한 법률 시행령」(이하 "영"이라 한다) 제3조제1항에 따른
의료기사ㆍ보건의료정보관리사 및 안경사(이하 "의료기사등"이라 한다) 국가시험의 필기시험과목과
실기시험의 범위는 별표 1의2와 같다.

제9조(합격자 결정 등)

① 영 제3조제1항에 따른 의료기사등의 국가시험(이하 "국가시험"이라 한다)의 합격자는

필기시험에서는 각 과목 만점의 40퍼센트 이상 및 전 과목 총점의 60퍼센트 이상 득점한 사람으로 하고, 실기시험에서는 만점의 60퍼센트 이상 득점한 사람으로 한다.

② 국가시험의 출제방법, 과목별 배점비율, 그 밖에 시험 시행에 필요한 사항은 영 제4조제1항에 따라 보건복지부장관이 지정 · 고시하는 관계 전문기관(이하 "국가시험관리기관"이라 한다)의 장이 정한다.

제10조(부정행위자의 국가시험 응시제한)

법 제7조제3항에 따른 국가시험 응시제한의 기준은 별표 2와 같다.

제12조(면허증의 발급)

① 영 제7조제1항에 따라 의료기사등의 면허증 발급을 신청하려는 사람은 별지 제2호서식의 의료기사등 면허증 발급신청서(전자문서로 된 신청서를 포함한다)에 다음 각 호의 서류를 첨부하여 국가시험관리기관을 거쳐 보건복지부장관에게 제출하여야 한다.

  1. 졸업증명서 또는 이수증명서. 다만, 법 제4조제1항제4호에 해당하는 사람의 경우에는 졸업증명서 또는 이수증명서 및 해당 면허증 사본

  2. 법 제5조제1호 및 제2호의 결격사유에 해당하지 아니함을 증명하는 의사의 진단서

  3. 응시원서의 사진과 같은 사진(가로 3.5센티미터, 세로 4.5센티미터) 1장

② 삭제⟨1998. 9. 23.⟩

③ 보건복지부장관은 제1항에 따라 면허증의 발급 신청을 받았을 때에는 그 신청인에게 면허증 발급을 신청받은 날부터 14일 이내에 종류에 따라 각각 별지 제3호서식의 면허증을 발급하여야 한다. 다만, 법 제4조제1항제4호에 해당하는 사람의 경우에는 외국에서 면허를 받은 사실 등에 대한 조회가 끝난 날부터 14일 이내에 발급하여야 한다.

제12조의2(실태 등의 신고)

① 법 제11조제1항 및 영 제8조에 따라 의료기사등의 실태와 취업상황을 신고하려는 사람은 별지 제3호의2서식의 의료기사등의 실태 신고서(전자문서로 된 신고서를 포함한다)에 다음 각 호의 서류를 첨부하여 법 제16조제1항에 따른 중앙회의 장(이하 "각 중앙회의 장"이라 한다)에게 제출해야 한다.

  1. 제19조제3항에 따른 보수교육 이수증(이수한 사람만 해당한다)

  2. 제18조제7항에 따른 보수교육 면제 · 유예 확인서(면제 · 유예된 사람만 해당한다)

② 제1항에 따라 신고서를 제출받은 각 중앙회의 장은 법 제20조에 따른 신고인의 보수교육 이수 여부 등을 확인해야 한다.

③ 각 중앙회의 장은 제1항에 따른 신고 내용과 결과를 분기별로 보건복지부장관에게 보고해야 한다. 다만, 법 제22조제3항에 따라 면허의 효력이 정지된 의료기사등이 제1항에 따른 신고를 한 경우에는 그 내용과 결과를 지체 없이 보건복지부장관에게 보고해야 한다.

[종전 제12조의2는 제12조의3으로 이동 ⟨2014. 11. 21.⟩]

제12조의3(치과기공소의 개설등록 등)

① 법 제11조의2제3항에 따라 치과기공소를 개설하려는 사람은 별지 제4호서식의 치과기공소 개설등록 신청서에 시설 및 장비 개요서를 첨부하여 특별자치시장 · 특별자치도지사 · 시장 · 군수 · 구청장(자치구의 구청장을 말한다. 이하 같다)에게 제출하여야 한다.

  1. 삭제〈2014. 11. 21.〉

  2. 삭제〈2014. 11. 21.〉

② 제1항에 따른 신청을 받은 특별자치시장 · 특별자치도지사 · 시장 · 군수 · 구청장은 「전자정부법」 제36조제1항에 따른 행정정보의 공동이용(이하 "행정정보의 공동이용"이라 한다)을 통하여 치과의사 면허증(개설자가 치과의사인 경우만 해당한다) 또는 치과기공사 면허증(개설자가 치과기공사인 경우만 해당한다)을 확인하여야 한다. 다만, 신청인이 확인에 동의하지 아니하는 경우에는 신청인이 면허증 사본을 첨부하도록 하여야 하며, 신청인이 면허증 원본을 제시하는 경우에는 담당 공무원의 확인으로 사본 제출을 갈음할 수 있다.

③ 특별자치시장 · 특별자치도지사 · 시장 · 군수 · 구청장은 제1항에 따라 개설등록 신청을 받았을 때에는 치과기공소 등록대장에 다음 각 호의 사항을 적고 신청인에게 별지 제5호서식의 치과기공소 개설등록증을 발급하여야 한다.

  1. 개설등록번호와 개설등록 연월일

  2. 개설자의 성명, 주소 및 주민등록번호

  3. 치과기공소의 명칭과 소재지

[제12조의2에서 이동, 종전 제12조의3은 제12조의4로 이동 〈2014. 11. 21.〉]

제12조의4(치과기공소의 시설 및 장비)

법 제11조의2제4항에서 "보건복지부령으로 정하는 시설 및 장비"란 다음 각 호의 시설 및 장비를 말한다.

  1. 기공용 레이드(lathe) 1대 이상

  2. 전산설계(CAD/CAM), 삼차원(3D)프린터 또는 주조기 1대 이상

  3. 기공용 모터 1대 이상

  4. 기공용 컴프레서 1대 이상

  5. 치과용 프레스 1대 이상

  6. 전기로(電氣爐) 1대 이상

  7. 포설린로(porcelain furnace) 1대 이상

  8. 초음파 청소기 1대 이상

  9. 서베이어(surveyor) 1대 이상

  10. 진동기 1대 이상

  11. 트리머(trimmer) 1대 이상

12. 샌드기(sand blast machine) 1대 이상

13. 진공 매몰기 1대 이상

14. 삭제〈2018. 12. 20.〉

[제12조의3에서 이동, 종전 제12조의4는 제12조의5로 이동 〈2014. 11. 21.〉]

제16조(폐업 등의 신고)

① 법 제13조에 따라 치과기공소 또는 안경업소의 폐업 또는 등록사항 변경 신고를 하려는 사람은 별지 제9호서식의 치과기공소·안경업소 폐업 또는 등록사항 변경 신고서에 개설등록증을 첨부하여 폐업하거나 등록사항을 변경한 날부터 14일 이내에 특별자치시장·특별자치도지사·시장·군수·구청장에게 제출하여야 한다.

② 치과기공소를 양도·양수하여 개설자가 변경된 경우에는 제1항에도 불구하고 양수인이 별지 제10호서식의 치과기공소 양도·양수 신고서에 다음 각 호의 서류를 첨부하여 양도·양수한 날부터 14일 이내에 특별자치시장·특별자치도지사·시장·군수·구청장에게 신고하여야 한다.

1. 치과기공소 개설등록증

2. 양도계약서 사본 등 양도·양수 사실을 증명할 수 있는 서류

③ 제2항에 따른 신고를 받은 특별자치시장·특별자치도지사·시장·군수·구청장은 행정정보의 공동이용을 통하여 양수인의 치과의사 면허증(양수인이 치과의사인 경우만 해당한다) 또는 치과기공사 면허증(양수인이 치과기공사인 경우만 해당한다)을 확인하여야 한다. 다만, 신고인이 확인에 동의하지 아니하는 경우에는 신고인이 면허증 사본을 첨부하도록 하여야 하며, 신고인이 면허증 원본을 제시하는 경우에는 담당 공무원의 확인으로 사본 제출을 갈음할 수 있다.

④ 안경업소를 양도·양수하여 개설자가 변경된 경우에는 제1항에도 불구하고 양수인이 별지 제11호서식의 안경업소 양도·양수 신고서에 다음 각 호의 서류를 첨부하여 양도·양수한 날부터 14일 이내에 특별자치시장·특별자치도지사·시장·군수·구청장에게 신고하여야 한다.

1. 안경업소 개설등록증

2. 양도계약서 사본 등 양도·양수 사실을 증명할 수 있는 서류

⑤ 제4항에 따른 신고를 받은 특별자치시장·특별자치도지사·시장·군수·구청장은 행정정보의 공동이용을 통하여 양수인의 안경사 면허증을 확인하여야 한다. 다만, 신고인이 확인에 동의하지 아니하는 경우에는 신고인이 면허증 사본을 첨부하도록 하여야 하며, 신고인이 면허증 원본을 제시하는 경우에는 담당 공무원의 확인으로 사본 제출을 갈음할 수 있다.

제18조(보수교육)

① 영 제14조제3항에 따라 의료기사등에 대한 보수교육 업무를 위탁받은 기관(이하 "보수교육실시기관"이라 한다)은 매년 법 제20조 및 영 제11조에 따른 보수교육(이하 "보수교육"이라 한다)을 실시하여야 한다.

② 보건복지부장관은 다음 각 호의 어느 하나에 해당하는 사람에 대해서는 해당 연도의 보수교육을

면제할 수 있다.

  1. 대학원 및 의학전문대학원·치의학전문대학원에서 해당 의료기사등의 면허에 상응하는
보건의료에 관한 학문을 전공하고 있는 사람

  2. 군 복무 중인 사람(군에서 해당 업무에 종사하는 의료기사등은 제외한다)

  3. 해당 연도에 법 제4조에 따라 의료기사등의 신규 면허를 받은 사람

  4. 보건복지부장관이 해당 연도에 보수교육을 받을 필요가 없다고 인정하는 요건을 갖춘 사람

③ 보건복지부장관은 다음 각 호의 어느 하나에 해당하는 사람에 대해서는 해당 연도의 보수교육을
유예할 수 있다.

  1. 해당 연도에 보건기관·의료기관·치과기공소 또는 안경업소 등에서 그 업무에 종사하지 않은
기간이 6개월 이상인 사람

  2. 보건복지부장관이 해당 연도에 보수교육을 받기가 어렵다고 인정하는 요건을 갖춘 사람

④ 보건기관·의료기관·치과기공소 또는 안경업소 등에서 그 업무에 종사하지 않다가 다시 그
업무에 종사하려는 사람은 제3항제1호에 따라 보수교육이 유예된 연도(보수교육이 2년 이상 유예된
경우에는 마지막 연도를 말한다)의 다음 연도에 다음 각 목의 구분에 따른 보수교육을 받아야 한다.

  가. 제3항에 따라 보수교육이 1년 유예된 경우: 12시간 이상

  나. 제3항에 따라 보수교육이 2년 유예된 경우: 16시간 이상

  다. 제3항에 따라 보수교육이 3년 이상 유예된 경우: 20시간 이상

⑤ 보건복지부장관은 보수교육실시기관의 보수교육 내용과 그 운영에 대하여 평가할 수 있다.

⑥ 제2항 또는 제3항에 따라 보수교육을 면제받거나 유예받으려는 사람은 해당 연도의 보수교육
실시 전에 별지 제12호서식의 보수교육 면제·유예 신청서에 보수교육 면제 또는 유예의 사유를
증명할 수 있는 서류를 첨부하여 보수교육실시기관의 장에게 제출해야 한다.

⑦ 제6항에 따른 신청을 받은 보수교육실시기관의 장은 보수교육 면제 또는 유예 대상자 여부를
확인하고, 신청인에게 별지 제12호의2서식의 보수교육 면제·유예 확인서를 발급해야 한다.

제19조(보수교육 계획서 및 실적보고서 제출 등)

① 보수교육실시기관의 장은 매년 12월 31일까지 별지 제13호서식의 다음 연도 보수교육
계획서(전자문서로 된 보수교육 계획서를 포함한다)에 다음 각 호의 서류를 첨부하여
보건복지부장관에게 제출하여야 한다. 이 경우 보수교육 계획서에는 교과과정, 실시방법, 교육받는
사람의 경비부담액 및 보수교육 이수 인정기준 등 보수교육의 운영에 필요한 사항이 포함되어야
한다.

  1. 교육받는 사람의 경비부담액 산출근거

  2. 과목별 보수교육 인정기준

② 보수교육실시기관의 장은 매년 3월 31일까지 별지 제13호의2서식의 전년도 보수교육
실적보고서(전자문서로 된 보수교육 실적보고서를 포함한다)를 보건복지부장관에게 제출하여야 한다.

③ 보수교육실시기관의 장은 보수교육을 받은 사람에게 별지 제14호서식의 보수교육 이수증을

발급하여야 한다.

제21조(보수교육 관계 서류의 보존)

보수교육실시기관의 장은 다음 각 호의 서류를 3년 동안 보존하여야 한다.

1. 보수교육 대상자 명단(대상자의 교육 이수 여부가 적혀 있어야 한다)

2. 보수교육 면제자 명단

3. 그 밖에 교육 이수자가 교육을 이수하였다는 사실을 확인할 수 있는 서류

제22조(면허증의 재발급 신청)

① 의료기사등이 면허증을 분실 또는 훼손하였거나 면허증의 기재사항이 변경되어 면허증의
재발급을 신청하려는 경우에는 별지 제15호서식의 의료기사등 면허증 재발급 신청서(전자문서로 된
신청서를 포함한다)에 다음 각 호의 서류 또는 자료를 첨부하여 보건복지부장관에게 제출하여야 한다.

   1. 면허증(면허증을 분실한 경우에는 그 사유설명서)

   2. 사진(신청 전 6개월 이내에 모자 등을 쓰지 않고 촬영한 천연색 상반신 정면사진으로 가로 3.5센티미터,
   세로 4.5센티미터의 사진을 말한다) 1장

   3. 변경 사실을 증명할 수 있는 서류(면허증 기재사항이 변경되어 재발급을 신청하는 경우만 해당한다)

② 영 제12조제1항에 따른 사유로 면허증을 재발급받으려는 사람은 별지 제15호서식의 의료기사등
면허증 재발급 신청서에 다음 각 호의 서류 또는 자료를 첨부하여 주소지를 관할하는
특별시장 · 광역시장 · 특별자치시장 · 도지사 및 특별자치도지사(이하 "시 · 도지사"라 한다)를 거쳐
보건복지부장관에게 제출하여야 한다.

   1. 사진(신청 전 6개월 이내에 모자 등을 쓰지 않고 촬영한 천연색 상반신 정면사진으로 가로 3.5센티미터,
   세로 4.5센티미터의 사진을 말한다) 1장

   2. 면허취소의 원인이 된 사유가 소멸하였음을 증명할 수 있는 서류(영 제12조제1항제1호의 사유에
   해당하는 경우에만 제출한다)

   3. 뉘우치는 빛이 뚜렷하다고 인정될 수 있는 서류(영 제12조제1항제2호부터 제4호까지의 사유에
   해당하는 경우에만 제출한다)

③ 의료기사등이 제1항에 따라 면허증을 재발급받은 후 분실된 면허증을 발견하였을 때에는 지체
없이 그 면허증을 보건복지부장관에게 반납하여야 한다.

제23조(면허증을 갈음하는 증서)

의료기사등이 제22조제1항에 따라 면허증의 재발급을 신청한 경우에는 면허증을 재발급받을
때까지 그 신청서에 대한 보건복지부장관의 접수증으로 면허증을 갈음할 수 있다.

제24조(면허증의 회수)

① 보건복지부장관은 법 제21조제1항 또는 제22조제1항에 따라 면허의 취소 또는 면허자격의

정지처분을 하였을 때에는 그 사실을 주소지를 관할하는 시·도지사에게 통보하여야 하며, 시·도지사(특별자치시장 및 특별자치도지사는 제외한다)는 지체 없이 시장·군수·구청장에게 통보하여야 한다.

② 제1항에 따른 통보를 받은 특별자치시장·특별자치도지사·시장·군수·구청장은 지체 없이 면허의 취소처분을 받은 해당 의료기사등의 면허증을 회수하여 보건복지부장관에게 제출하여야 한다. 이 경우 시장·군수·구청장은 시·도지사를 거쳐 제출하여야 한다.

제25조(수수료 등)

① 국가시험에 응시하려는 사람은 법 제27조제3호에 따라 국가시험관리기관의 장이 보건복지부장관의 승인을 받아 결정한 수수료를 현금이나 정보통신망을 이용한 전자화폐 또는 전자결제 등의 방법으로 내야 한다. 이 경우 수수료의 금액 및 납부방법 등은 영 제4조제2항에 따라 국가시험관리기관의 장이 공고한다.

② 제22조에 따른 면허증의 재발급 신청을 하거나 면허사항에 관한 증명 신청을 하는 사람은 다음 각 호의 구분에 따른 수수료를 수입인지나 정보통신망을 이용한 전자화폐 또는 전자결제 등의 방법으로 내야 한다.

  1. 면허증의 재발급 수수료: 2천원

  2. 면허사항에 관한 증명 수수료: 500원(정보통신망을 이용하여 발급받는 경우 무료)

〈의료기사 등 국가시험의 필기시험과목과 실기시험의 범위〉

의료기사 종류	필기시험과목	실기시험의 범위
임상병리사	가. 공중보건학 개론 나. 해부생리학 개론 다. 조직병리학(세포학 포함) 라. 임상화학[요화학(尿化學), 방사성동위원소를 　　이용한 가검물 등의 검사 포함] 마. 혈액학(혈액은행 포함) 바. 임상미생물학 　　(바이러스 · 기생충학 · 면역혈청학 포함) 사. 임상생리학(생리학적 검사 포함) 아. 의료 관계 법규	병리검사에 관한 것
방사선사	가. 공중보건학 개론 나. 해부생리학 개론 다. 방사선이론(방사선물리학 · 전기공학개론 　　방사선관리학 · 방사선생물학에 관한것) 라. 방사선응용(방사선기기학 · 방사선계측학 　　· 방사선사진학에 관한 것) 마. 영상진단기술학(방사선영상학 · 전산화단층 　　촬영기술 · 초음파기술학 · 자기공명영상학에 　　관한 것) 바. 방사선치료기술학 사. 핵의학기술학 아. 의료 관계 법규	방사선영상진단 기술, 초음파검사기술, 방사선치료기술, 핵의학검사기술 에 관한 것
물리치료사	가. 공중보건학 개론 나. 해부생리학 개론 다. 물리치료학 개요[수치료(水治療), 전기 및 　　광선 치료, 보조기 및 의수 · 의족에 관한 것] 라. 운동치료학 개요(운동기능평가 및 측정 　　운동치료 · 임상운동에 관한 것) 마. 질환별 물리치료학 개요(근육 · 골격 및 　　신경계 질환에 관한 것) 바. 의료 관계 법규	물리치료, 운동치료에 관한 것

의료기사 종류	필기시험과목	실기시험의 범위
작업치료사	가. 공중보건학 개론 나. 해부생리학 개요 다. 작업치료 개론(측정 및 평가, 질환별 작업치료 사업 분석) 라. 일상생활동작(생활동작 평가 및 생활동작 분석) 마. 수예 및 공작 바. 의료 관계 법규	치료적 운동 및 보조기, 의수족에관한 것
치과기공사	가. 공중보건학 개론 나. 구강해부학 개론(치아형태 및 계통구강해부에 관한 것) 다. 치과재료학 개론 라. 관교의치기공학 마. 치과충전기공학 바. 총의치기공학 사. 국부의치기공학 아. 가철성치열교정장치기공학 자. 의료 관계 법규	치과기공에 관한 것
치과위생사	가. 구강생물학 개론 나. 구강위생학 개론 다. 치과임상학 라. 치과방사선학 개론 마. 의료 관계 법규	치과위생에 관한 것

의료 관계 법규는 「의료법」, 「의료기사 등에 관한 법률」, 「감염병의 예방 및 관리에 관한 법률」, 「지역보건법」과 그 시행령 및 시행규칙으로 한다.

〈국가시험 응시제한의 기준〉

응시제한 횟수	시험정지 합격무효 처분의 사유 및 위반의 정도
1회	가. 시험 중에 대화, 손동작 또는 소리 등으로 서로 의사소통을 하는 행위 나. 허용되지 아니한 자료를 가지고 있거나 이용하는 행위
2회	가. 시험 중에 다른 응시한 사람의 답안지(실기작품의 제작방법을 포함한다. 이하 같다) 또는 문제지를 엿보고 자신의 답안지를 작성하는 행위 나. 시험 중에 다른 응시한 사람을 위하여 답안 등을 알려주거나 엿보게 하는 행위 다. 다른 사람으로부터 도움을 받아 답안지를 작성하거나 다른 응시한 사람의 답안지 작성에 도움을 주는 행위 라. 답안지를 다른 응시한 사람과 교환하는 행위 마. 시험 중에 허용되지 아니한 전자장비, 통신기기, 전자계산기 등을 사용하여 답안을 전송하거나 작성하는 행위 바. 시험 중에 시험문제 내용과 관련된 물건(시험 관련 교재 및 요약자료를 포함한다)을 주고받는 행위
3회	가. 대리시험을 치르거나 치르게 하는 행위 나. 사전에 시험문제 또는 답안을 타인에게 알려주거나 알고 시험을 치른 행위

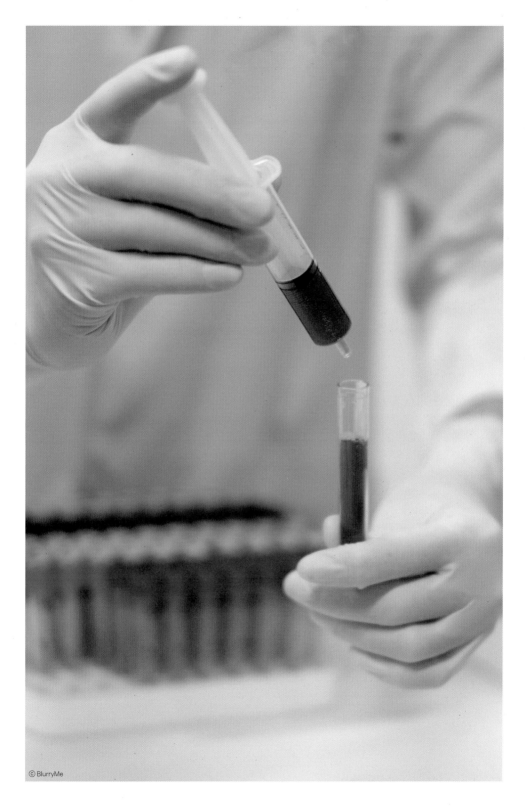

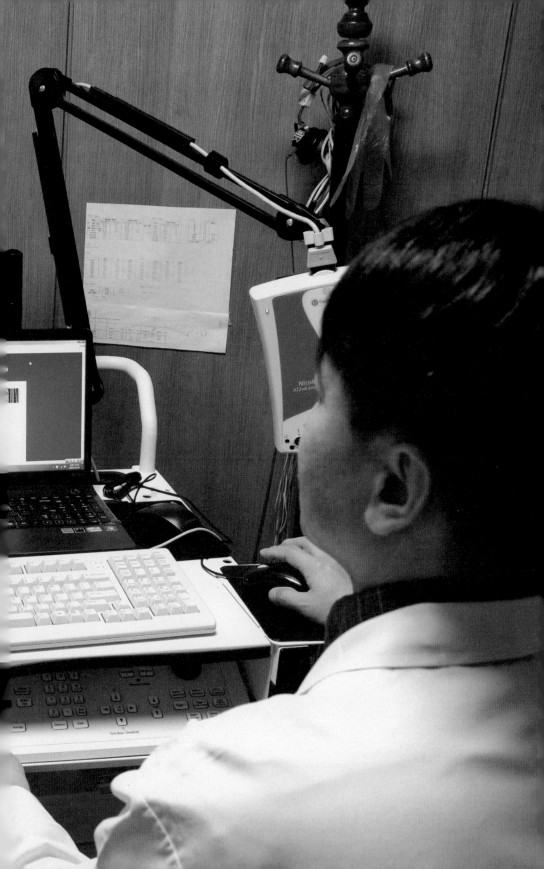

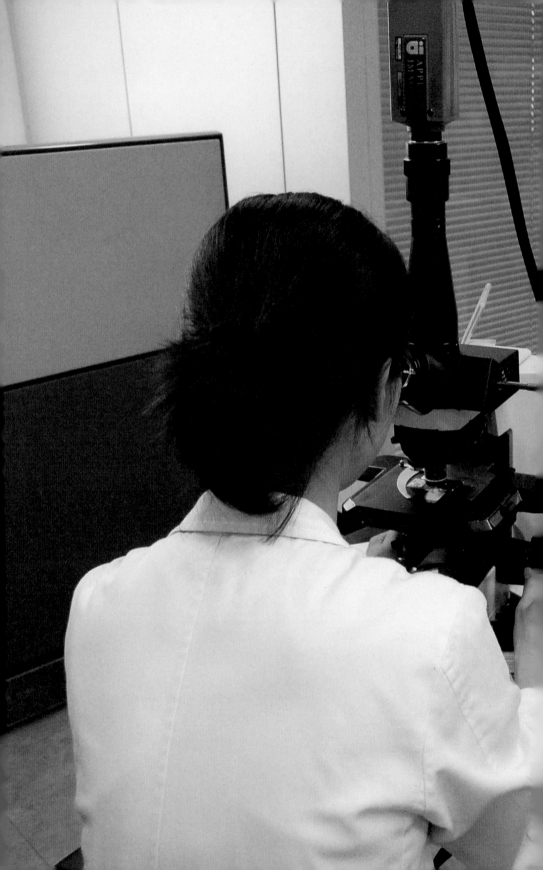

행복한 직업 찾기
나의 직업 의료기사

초판 1쇄 인쇄 2014년 1월 17일

개정판 1쇄 인쇄 2021년 11월 20일
개정판 1쇄 발행 2021년 11월 25일

글 | 꿈디자인LAB
펴 낸 곳 | 동천출판
사   진 | 대한물리치료사협회. 대한방사선사협회. 대한임상병리사협회.
            대한작업치료사협회. 대한치과기공사협회. shutterstock.

등   록 | 2013년 4월 9일 제319-2013-25호
주   소 | 서울특별시 서초구 효령로 60길 15(서초동, 202호)
전화번호 | (02) 588 - 8485
팩   스 | (02) 583 - 8480
전자우편 | dongcheon35@naver.com

값 18,000원
ISBN   979-11-85488-65-3 (44370)
            979-11-85488-05-9 (세트)

*잘못 만들어진 책은 구입하신 서점에서 바꿔 드립니다.